卫泓泰
五仁
檀啸 著

简明围棋入段

化学工业出版社
·北京·

U0331764

图书在版编目（CIP）数据

简明围棋入段 / 卫泓泰，五仁，檀啸著. -- 北京 ：
化学工业出版社，2024. 11. -- ISBN 978-7-122-46508
-5

Ⅰ. G891.3

中国国家版本馆CIP数据核字第2024U5E518号

责任编辑：史 懿　　　　　　　　　　封面设计：孙 沁
责任校对：王 静　　　　　　　　　　装帧设计：宁小敬　盟诺文化

出版发行：化学工业出版社（北京市东城区青年湖南街13号　邮政编码100011）
印　　装：北京宝隆世纪印刷有限公司
710mm×1000mm　1/16　印张12　字数185千字　2025年1月北京第1版第1次印刷

购书咨询：010-64518888　　　　　　　售后服务：010-64518899
网　　址：http://www.cip.com.cn
凡购买本书，如有缺损质量问题，本社销售中心负责调换。

定　　价：68.00元　　　　　　　　　　　　　　　版权所有　违者必究

前　言

大家好，我是卫泓泰。

《简明围棋入门》和《简明围棋入段》是一套全新的围棋入门书，是体系非常完整的围棋知识引导书。《简明围棋入门》主要讲解围棋的基本规则、吃子方法、死活基本型和常用着法，为入门所必须掌握的通用知识；《简明围棋入段》主要讲解围棋的实战攻防下法以及如何完成一局棋，教我们怎样将所学知识应用到实战对局中。书中的每一部分知识，都按照从易到难的顺序讲解，并标记了相应的棋力等级，读者可以此掌握学习进度并估算个人棋力等级。我和檀啸、五仁，非常希望这两本书可以是你身边的一位好老师，一位好朋友，帮你答疑解惑，陪伴你走过围棋入门到升段的征程。

这套书比我上一本《零基础学围棋》要晚出版 4 年，但是从有第一版稿件到现在，已经修改七年时间，这期间人工智能围棋逐渐普及，围棋业内有了很多思想上的根本变化。我们也学到很多其他行业富有启发性的教学方法，一点一点写到了书里，希望读者可以带着思考读下去。

每次修改的时候，总遇到一些好的天气，或是晴空万里，或是微风习习。有的时候在高铁上，大江南北的名山大川一晃而过，看着稿件一点一点充实起来，觉得积累、整理、表达真是一种快乐。

学好围棋，需要一些要素，比如说：

1. 师承——找个好老师，真的可以帮你把很多事情讲明白，带你到他达到的高度；

2. 学习方法——每次学习，记下来学到了什么，做错了题目，记下来下次再做；

3. 兴趣——享受谋略上战胜对手的快乐，以及思考的快乐；

4. 学以致用——学到的招数，想办法使出来，否则只学到知识的一小半；

5. 好心情——在温暖的阳光里下棋，在欢快的氛围中下棋，在风景如画的公园里下棋，可以助你更好地发挥。

不过最重要的是，想赢。只要你想赢，你就开始了围棋入门第一课。当然了，对于那些已经斗志满满的同学，我还要说，不要怕输，新人最不怕的就是一时的输棋，要有平常心。攀登一座高山，进行一段旅行，都是有一个过程的，千万不要摔一跤就回家，不要输一次就放弃。

更好的风景，更智慧的旅程刚刚开始。

简明学围棋，开始吧。

2024 年 8 月

目　录

第 3 章 布局基础：作战前应当怎样从大方向上排兵布阵？

第4章　角部定式：战斗前，局部怎样列好小队阵形？

第5章　中盘战斗：怎样在乱军中生存并获取实利？

第 6 章　官子基础：怎样在战斗结束时确定边界，清扫战场？

第 7 章　完整的一局棋

题目速览

你将轻松解开以下问题：黑白双方对杀，怎样才能获胜？

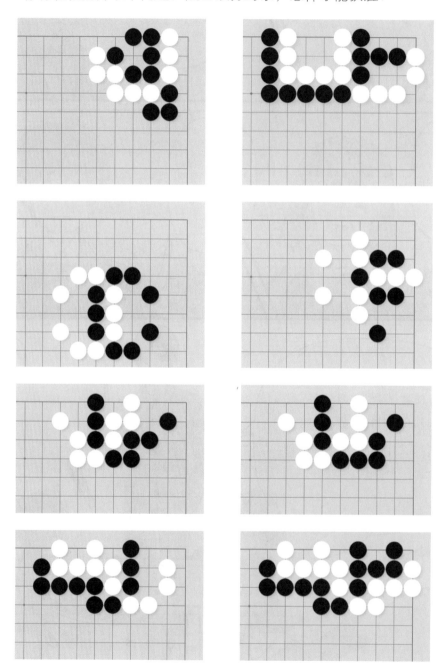

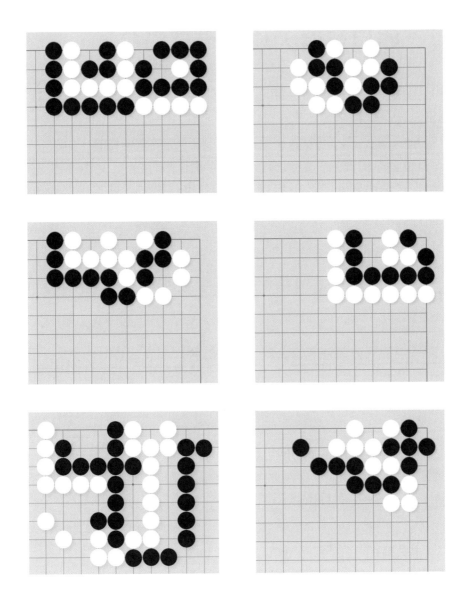

1.1 如何算清大块棋有几口气？

当两块棋互相包围而且都没有做出两只眼成活时，只有吃掉对方才能救出自己，这种情况就是对杀。

简单的情况下，可以数出气的多少来判断对杀的结果（如图1-1左图），但是复杂情况下，简单的数气不能得出正确结论（如图1-1右图）。这种情况，要先利用气的分类对双方的气进行分析，然后需要利用气的推算来判断对杀的最终结果。

1.1.1 气的分类

对杀中的气分为外气、公气、内气三种。

1.1.1.1 外气（16K）

一方独有且不在真眼中的气称为"外气"，如图1-2。

1.1.1.2 公气（16K）

双方共有的气称为"公气"，如图1-3。

1.1.1.3 内气（16K）

真眼中的气称为"内气"。

图1-4中，黑棋有一个真眼，真眼的内部有一个点，由▲标注，这个点是黑棋的内气。

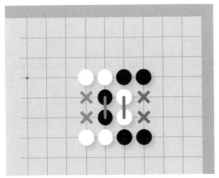

对杀的黑白子各有2气

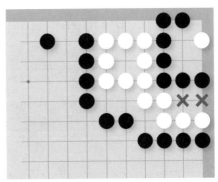

✕同时是黑棋和白棋的气

图 1-1 ●

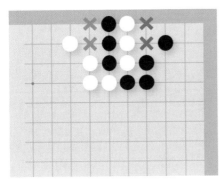

✕ 和 ✕ 为外气

图 1-2 ●

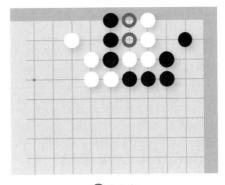

◯为公气

图 1-3 ●

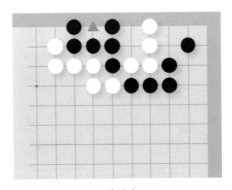

▲为内气

图 1-4 ●

7

1.1.2　气的推算

对杀中，由于不入气的点和眼的存在，一块棋周围的交叉点不一定等于这块棋的气的数量。正确的计算方法是算出将这块棋的气变为 0 所需的总手数，这就是气的推算。

1.1.2.1　不入气的情况（15K）

对杀中，如果有眼或一个点不入气，那么每一个点都代表额外的 1 气或多气，如图 1-5。

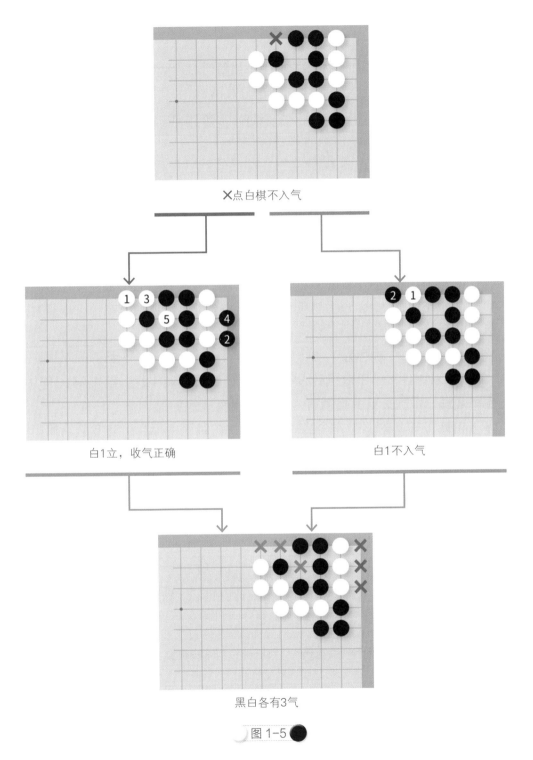

✕点白棋不入气

白1立，收气正确

白1不入气

黑白各有3气

图 1-5 ●

1.1.2.2 大眼的情况（15K）

对于一只真眼，如果内部的点小于或等于 3 个，则这只真眼称为"小眼"；如果内部的点大于 3 个，则这只真眼称为"大眼"。小眼的气等于内部空点的个数，大眼的气大于内部空点的个数。

因此，大眼在对杀中具有独特的优势。

图 1-6（1）中，黑棋有 4 气，都是外气。白棋的气都在方四形状的大眼内部。

假设黑棋先下，图 1-6（2）中，至白 4，黑棋和白棋各减少 2 气。

图 1-6（3）中，黑棋继续在白棋的大眼内部紧气，黑 1 和白 2 交换，双方气数不变。

图 1-6（4）中，黑棋有 2 气，白棋有 3 气，白棋的气数多于黑棋。

图 1-6（5）中，双方继续紧气，至白 4，白棋将黑棋吃掉，取得对杀的胜利。

整个紧气的过程图 1-6（2）和（5）双方总共各使用了四手棋，（3）中双方各下一手对气数没有影响，最终白棋剩 1 气，黑棋剩 0 气。也就是说，紧气之前，黑棋有 4 气，白棋有 5 气。

由此可知，内部有 4 个空点的方四，在对杀中相当于有 5 气。用相同的方法推算，内部无子的刀把五和梅花五相当于有 8 气，内部无子的葡萄六相当于有 12 气。

这种通过推算得出的大眼的内气数量，称为"等效内气数量"。

10

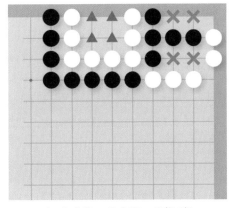

（1）白棋一只大眼，黑棋4气

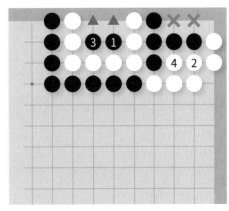

（2）白棋减少2气，黑棋剩余2气

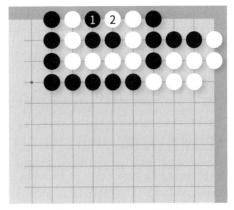

（3）黑白交换，气数不变

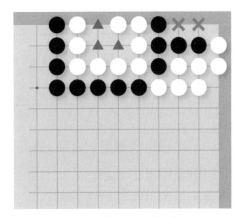

（4）白棋3气，黑棋2气

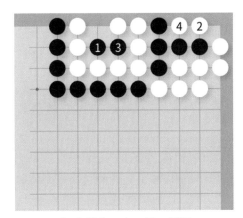

（5）黑先：少一气，黑死

图1-6 ●

1.2 对杀的结果及分类

对杀分为无公气对杀、有公气无眼对杀和有公气有眼对杀。

需要注意的是：为了方便研究，我们在讨论过程中不考虑打劫的因素。

1.2.1 无公气对杀

互相包围的两块棋没有公气的对杀称为"无公气对杀"。

1.2.1.1 紧气顺序和结果判断（14K）

无公气对杀是最简单的对杀类型，没有公气，只有外气或内气。

对于紧气的顺序，当内气不存在时，双方只需在对方外气的位置依次落子，即可完成对杀过程。当外气不存在时，双方只需在对方内气的位置依次落子即可。当内气和外气同时存在时，紧气的正确顺序是先外气后内气。

无公气对杀的结果只能是一方被杀。

将双方的外气和内气各自相加，然后进行比较：

气多的一方取得对杀的胜利；

双方气数相同，先动手的一方取得对杀的胜利。

图 1-7 中，黑棋和白棋各有 3 气，都是外气。如果白棋先下，白棋最终可以吃掉黑棋；如果黑棋先下，黑棋最终可以吃掉白棋。

图 1-8，黑棋有 2 气，白棋有 3 气，都是外气。由于白棋气数比黑棋多，即使黑棋先下，白棋依然可以吃掉黑棋。

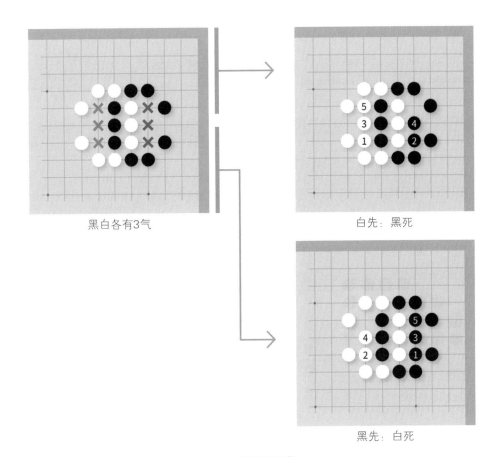

黑白各有3气

白先：黑死

黑先：白死

图 1-7 ⚫

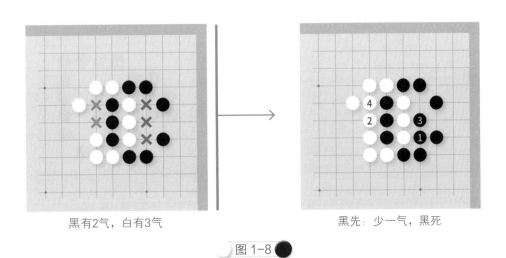

黑有2气，白有3气

黑先：少一气，黑死

图 1-8 ⚫

图 1-9，双方都有眼，黑棋有 1 口内气、2 口外气，白棋有 2 口内气、1 口外气，双方分别有 3 口气，没有公气。黑棋先紧气，可以吃掉白棋；白棋先紧气，则可以吃掉黑棋。

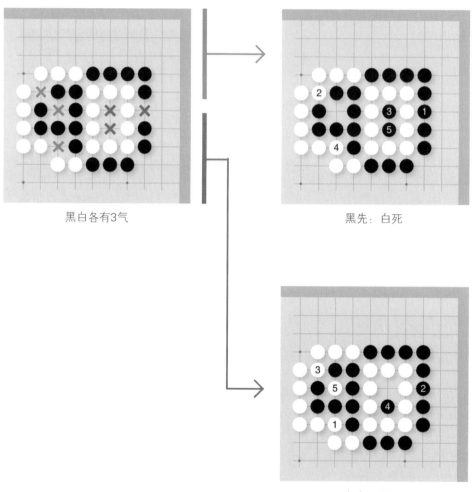

黑白各有3气

黑先：白死

白先：黑死

图 1-9

1.2.1.2 紧气和延气（13K）

对杀的目标是让对方的气数变为 0，紧气是最直观的让对方气变少的手段。而延气也是对杀的必备手段，因为延气可以让自己的气变多，先延气后紧气也可以达到成功对杀的目的，如图 1-10。

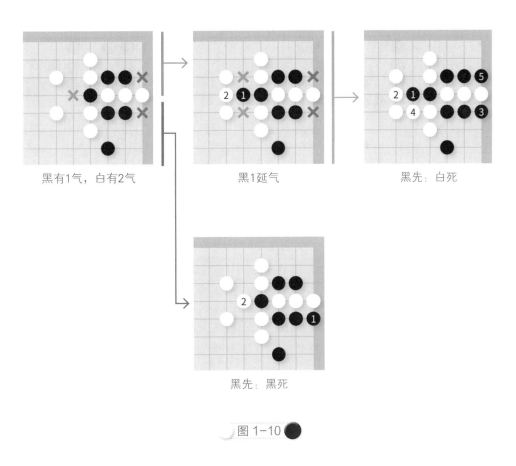

黑有1气，白有2气　　　黑1延气　　　黑先：白死

黑先：黑死

图 1-10 ●

1.2.2　有公气无眼对杀

互相包围的两块棋有公气而都没有真眼的对杀称为"有公气无眼对杀"。

1.2.2.1　紧气顺序和结果判断（14K）

有公气无眼对杀，双方只有公气和外气，无内气，比无公气对杀复杂一些。

因为在公气上紧气，也会同时减少自己的气，所以紧气的顺序是先紧外气后紧公气，如图 1-11。

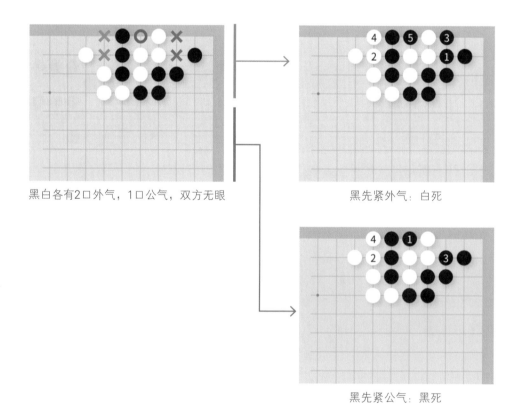

黑白各有2口外气，1口公气，双方无眼

黑先紧外气：白死

黑先紧公气：黑死

图 1-11

16

由于双方的公气相同，只需要比较外气，外气多者立于不败之地。

当对杀的双方有 N 口公气时：

己方的外气 − 对方的外气 =N−1 时，己方先下，即可杀掉对方；

己方的外气 − 对方的外气 > N−1 时，即使对方先下，己方也可以杀掉对方。

图 1−11 中，双方公气 N=1 口气，黑棋有 1 口外气，白棋有 1 口外气，1（黑）−1（白）=1（N）−1，黑棋先紧气，可以杀掉白棋。

图 1−12 中，双方公气 N=2 口气，黑棋有 4 口外气，白棋有 3 口外气，4−3=2−1，黑棋先紧气，可以杀掉白棋。

图 1−13 中，双方公气 N=2，黑棋有 5 口外气，白棋有 3 口外气，5−3 > 2−1，即使白棋先紧气，黑棋仍然可以杀掉白棋。

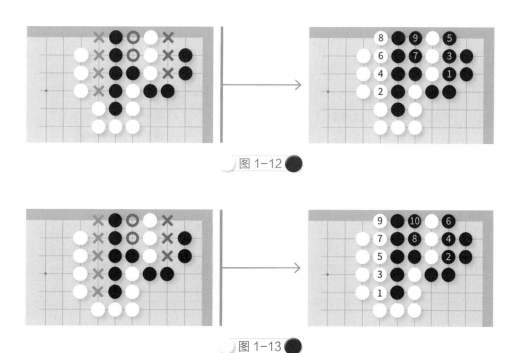

图 1−12

图 1−13

1.2.2.2 无眼双活（13K）

有公气无眼对杀，当公气超过1口气时，有可能出现无眼双活的情况。

无眼双活指的是对杀结束时，双方都没有外气和内气，只有2口公气。任何一方在公气落子都会被对方立刻提掉，如图1-14。因此直到棋局结束，两块棋都按照活棋来对待。

对方的外气 – 己方的外气 =N–1 时，己方先下，双方下成双活。如对方先下，则己方被杀。

图1-15中，双方公气 N=2，黑棋有2口外气，白棋有3口外气，3–2=2–1，黑先收气，双方形成无眼双活。白先收气，则黑棋被杀。

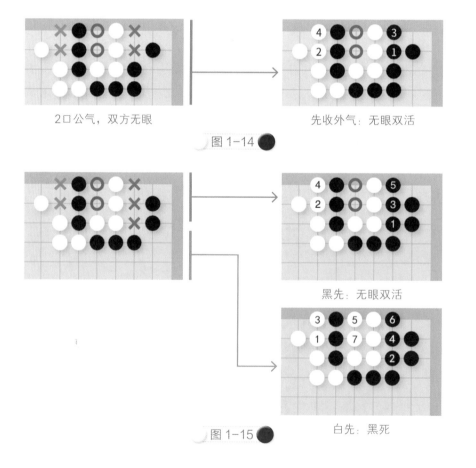

2口公气，双方无眼

先收外气：无眼双活

图1-14 ●

黑先：无眼双活

图1-15 ●

白先：黑死

1.2.3 有公气有眼对杀

互相包围的两块棋有公气且至少有一方有真眼的对杀称为"有公气有眼对杀"。

1.2.3.1 紧气顺序和结果判断（10K）

有公气有眼对杀是最复杂的对杀类型，有公气，可能有外气和内气。

紧气的顺序仍然是先紧外气后紧内气。由于紧公气有减少自己气的风险，紧完外气的下一步是紧内气。因为对方最后一口内气是己方的禁入点，所以当对方内气只剩下 1 口时，下一步是紧公气。当公气也紧完，再紧最后一口内气。

图 1-16 中，双方有 1 口公气，黑棋有 3 口外气，白棋有 1 口外气、1 口内气。黑棋先紧外气，因为白棋的内气是黑棋的禁入点，因此黑棋再紧公气，最终吃掉白棋。

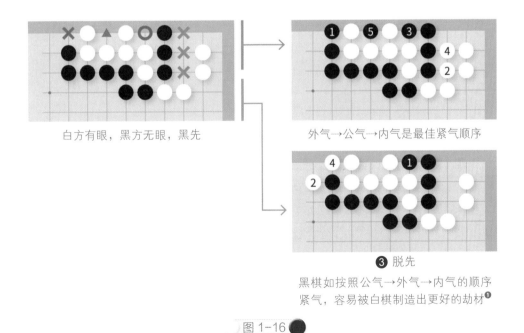

白方有眼，黑方无眼，黑先

外气→公气→内气是最佳紧气顺序

❸ 脱先

黑棋如按照公气→外气→内气的顺序紧气，容易被白棋制造出更好的劫材❶

图 1-16

---

❶ 打劫内容见"1.3　打劫的知识"。

1.2.3.2 有眼杀无眼（9K）

对于有公气有眼对杀，当单方有眼，那么眼的内气在公气存在的时候是禁入点，这是有眼的优势。无眼一方的外气要比有眼一方的总气数多出公气的数量才能成功。如果做不到就会被杀，这就是"有眼杀无眼"。

由于有禁入点的存在，必须要在紧完公气之后，才能提掉对方的棋子，因此对杀时是否有真眼，对气的影响非常大。

如果一方有眼，另一方没有眼，没眼的一方每下一步棋，紧1口对方的气，同时也紧自己1口气，对方每下一步，只紧己方1口气，双方紧气的差距就是公气的数量。因此我们在计算气数的时候，可以简算为：

有眼方和无眼方对杀，公气算给有眼的一方。

图1-17中，公气为3口，黑棋没眼，只有5口外气，白棋有眼，有1口外气、1口内气。由于公气算给有眼的一方，所以白棋有5口气，黑棋也有5口气，黑棋先紧气，可以吃掉白棋。如果白棋先紧气，则可吃掉黑棋。

1.2.3.3 长气杀短眼（9K）

虽然在对杀过程中，公气算给有眼的一方，有眼方具有非常大的优势，但是如果无眼方的外气非常长，也有机会在对杀中获胜。

图1-18是在图1-17的基础上稍加变化，使黑棋有6口外气，白棋仍然是5口气，即便白棋先紧气，黑棋仍然能够吃掉白棋。

这种情况，在围棋中有一句俗语，叫作"长气杀短眼"。

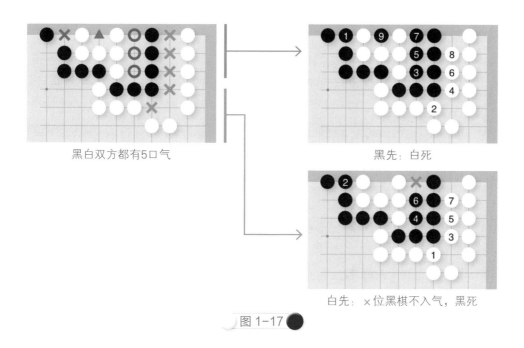

黑白双方都有5口气

黑先：白死

白先：×位黑棋不入气，黑死

图 1-17

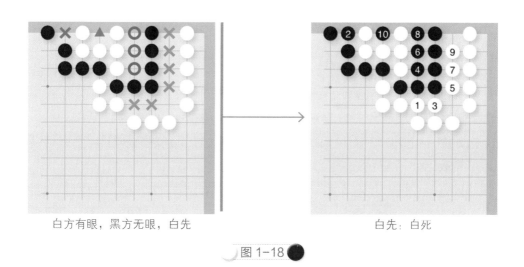

白方有眼，黑方无眼，白先

白先：白死

图 1-18

21

1.2.3.4　双方有公气有眼对杀

当对杀的双方有公气且都有真眼时，想要杀掉对方就没那么容易了。由于双方眼的最后 1 口气是禁入点，所以，想要杀掉对方的棋，在紧完外气和多余的内气时，就要先主动紧公气，双方紧气的差距也是公气的数量。因此我们在计算气数时，可以认为：

公气计算给防守（气少）的一方。
即先行的一方，其外气 + 内气要和对方的外气 + 内气 + 公气一样多，才能杀掉对方。反之，如果对方先行，对方的外气 + 内气与己方的外气 + 内气 + 公气一样多，也可以杀掉己方。

图 1-19，黑白双方有 1 口公气，白棋有 2 口外气、1 口内气共 3 口气，黑棋有 2 口内气。白棋气长，是进攻方，而黑棋气短，是防守方，黑棋可视为有 2+1=3 口气。如白棋先行，可以杀掉黑棋。如黑棋先行，则形成有眼双活。

1.2.3.5　有眼双活（8K）

双方有公气有眼对杀还有另外一种结果：在对杀结束时，双方都没有外气，分别有 1 口内气和 1 口公气，双方都无法继续落子，直到棋局结束。这种结果叫作"有眼双活"。有眼双活在对局结束时按活棋对待。

如图 1-20，与图 1-19 棋形相同，如此时轮到黑棋先下，双方即成为有眼双活。下至黑 3，双方谁也无法杀掉对方。

图 1-21，黑白双方分别有 1 口外气、1 口内气、1 口公气。由于任何一方在气数上，都没有绝对的优势，所以，无论哪一方先下，都会成为有眼双活。

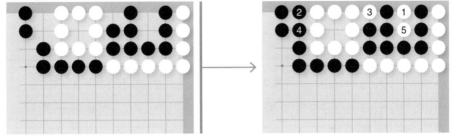

白先：黑死

图 1-19

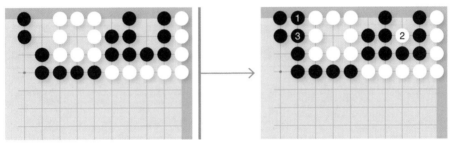

黑先：有眼双活

图 1-20

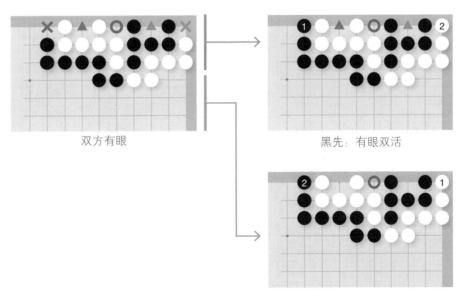

双方有眼　　黑先：有眼双活

白先：有眼双活

图 1-21

1.2.3.6 大眼杀小眼（7K）

当双方有公气有眼对杀，且一方的眼比另外一方眼大时，对杀情况就更复杂。因为眼的大小会影响对杀的结果。内部不多于 3 个点的真眼是小眼。多于 3 个点的真眼是大眼。对于小眼，内部气数等于内部点的个数。对于大眼，内部的点数越多，眼就越大。不同的眼的等效内气由内部点的个数和内部空点的个数共同决定，如表 1-1。

表 1-1 眼的等效内气

基本死活型	眼的类型（内部点个数）	等效内气
真眼	小眼（1）	1
直二	小眼（2）	2
直三	小眼（3）	3
弯三	小眼（3）	3
方四	大眼（4）	5
丁四	大眼（4）	5
刀板五	大眼（5）	8
梅花五	大眼（5）	8
板六	大眼（6）	12
葡萄六	大眼（6）	12

图 1-22 的左图中，白棋是大眼，黑棋是小眼，眼的内部各有 1 个空点。双方都无外气，各有 1 口公气。如果轮到黑棋下，黑棋提吃一颗白子对于对杀毫无帮助。因此，对于这个局面，黑棋实际上无棋可下。如果轮到白棋下，白棋可以提吃 3 颗黑子。提子后，黑 1 破眼，白 2 打吃，黑 3 紧气，白 4 提吃，黑棋因为比白棋少 1 气而被杀。

图 1-22 的左图中的结果与有眼双活非常相似，实际结果却大不相同。白棋的眼是大眼，白棋的等效内气是 2 气，而黑棋的眼是小眼，等效内气只有 1 气。由于眼的大小不同，眼大的一方比眼小的一方有更多的等效内气，而眼小的一方无法在对方真眼内部的禁入点落子，只能坐以待毙，在眼大的一方动手后被吃。

这种因为眼形大而在对杀中取胜的情形称为"大眼杀小眼"。

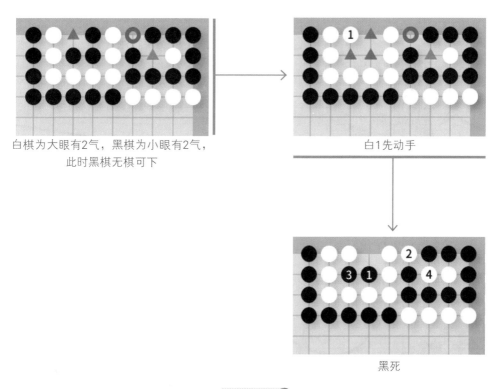

白棋为大眼有2气，黑棋为小眼有2气，
此时黑棋无棋可下

白1先动手

黑死

图 1-22

25

不想打劫你可以直接消劫，也就是在提劫后立刻填子或提掉与打劫相关的棋子。

那如果我在棋盘上没有弱点呢？

白棋会利用弃子，在别的局部找到手段攻击你的弱点，你可能就会吃大亏。比如左上角。

除非你的棋子是一个一个紧挨着走的，那样对方就没有劫材了。

但是挨着走效率极低，早就输了！

原来如此，我明白啦。

作者卫老师

取材自卫老师
某次真实课程

1.3 打劫的知识

对杀时结果往往与打劫有关，现在我们就来学习关于打劫的知识。

1.3.1 打劫的术语（5K）

图 1-23 的上图中，左上角形成对杀。如果黑棋不选择在 × 位制造打劫的棋形，被白棋占到这个点，对杀的结果将成为"有眼杀无眼"。黑棋在这个点扑之后，对杀的结果将由这个打劫来决定。图 1-23 的下图展示了这个局面下从打劫开始到结束的全部过程。

黑 1 扑，做成打劫的棋形，打劫的结果能够决定局部对杀的结果，这手棋称为"开劫"。白 2 在打劫的棋形处将 1 颗黑子提掉，称为"提劫"。黑 1 被提掉后，形成的空点是黑棋打劫的禁入点，黑棋需要在别处和白棋各下一手才能在这里落子。

为了保证白棋能够在相应的位置回应黑棋，而不是将左上角的 4 颗黑子提掉，黑棋要保证在落子的位置连下两手会取得可观的收益。黑 3 满足这样的条件，因为白 4 如果不回应，选择在左上角提掉 4 颗黑子，黑棋可以提掉右上角的 2 颗白子，救回右侧的 1 颗黑子，破坏白棋的实地和外势，形成自己的实地和外势。相比之下，图中的白 4 是白棋更好的选择。黑 3 与白 4 的交换，使黑 5 获得在黑 1 处提劫的权利。

黑 3 和白 4 的位置称为"劫材"，就是打劫时需要用到的材料，黑 3 称为"找劫材"，白 4 称为"应劫"。黑 5 提劫后，轮到白棋找劫材，白 6 打吃符合找劫材的标准。黑 7 将 2 颗白子提掉，使被打吃的 3 颗黑子获得额外的 2 气，危机解除，白 8 在白 2 的位置继续提劫，轮到黑棋找劫材。黑 9 紧气，下一手瞄准在黑 11 处吃掉 2 颗白子，救回 1 颗黑子。将左上角的 4 颗黑子和右上角被紧气的 2 颗白子相对比，左上角的 4 颗因为价值更大，因此，白 10 选择将左上角的 4 颗黑子提掉，结束打劫，白棋获得对杀的胜利。

白10这种结束打劫的手段，称为"消劫"。白10消劫后，黑11打吃，通过黑9和黑11在右上角连下两手，救回1颗黑子，吃掉2颗白子，利用找劫材获得了收益。至黑11，白棋取得了左上角打劫和对杀的胜利，黑棋通过连下两手在右上角取得了收益，双方各有所得。

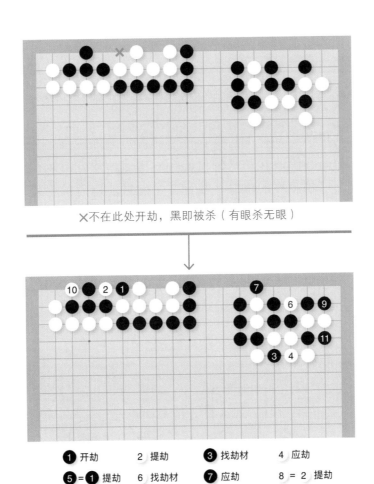

✕不在此处开劫，黑即被杀（有眼杀无眼）

① 开劫　　　② 提劫　　　③ 找劫材　　　④ 应劫

⑤ =① 提劫　⑥ 找劫材　⑦ 应劫　　　8 = 2 提劫

⑨ 找劫材　　⑩ 消劫　　⑪ 利用劫材得利

图 1-23

1.3.2 打劫的流程（3K）

图 1-23 中，一共涉及 6 种手段，黑 1 开劫，白 2、黑 5、白 8 提劫，黑 3、白 6、黑 9 找劫材，白 4、黑 7 应劫，白 10 消劫和黑 11 利用劫材得利。开劫是打劫的开始，消劫是打劫的结束，提劫、找劫材和应劫是打劫过程中的循环，利用劫材得利是打劫结束后的第一手棋。因此，打劫的流程可以总结为图 1-24。

在打劫的过程中，找劫材是走向结束的过程。当劫材的价值大于打劫处的价值时，某一方会在对方找劫材时应劫，打劫继续；当劫材的价值小于打劫处的价值时，某一方会在对方找劫材时消劫，打劫结束。随着打劫的进行，打劫处的价值不会改变，但双方的劫材数量是有限的，劫材的价值会逐渐变小。因此，当只有一个打劫存在时，消劫一定会发生，这个打劫也一定会结束。

打劫处的价值和劫材的价值，能够决定打劫的走向。当只有一个劫存在时，打劫处的价值和劫材的价值相对固定，双方可以在打劫开始时就完成对整个打劫流程的推算，找到并下出最佳应对的可能性很大。当多个劫同时存在时，或者在打劫的过程中有新的劫产生时，又或者打劫处的价值和劫材的价值在打劫过程中发生改变时，打劫将变得非常复杂。对于打劫，了解打劫的术语，熟悉打劫的流程和学会基本的价值判断，是在级位阶段的主要学习目标。复杂的打劫技巧是段位阶段的学习内容。

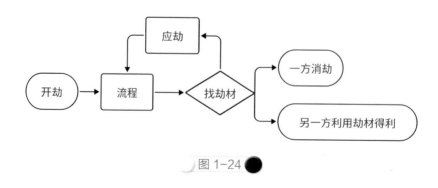

图 1-24

1.3.3 打劫的价值判断（1D）

打劫处和劫材的价值，大致可以分为实地和外势两部分。实地部分的价值可以通过目数的大小来估算，外势部分的价值需要用与大局观相关的知识来估算。

图 1-25 中的白 10 选择消劫，是在判断打劫处的价值和劫材的价值后做出的决定。价值判断的过程为：打劫处共有 5 颗黑子和 7 颗白子，加上左右的两个空点，实地价值在 26 目左右，没有外势价值。而劫材处共有 1 颗黑子和 2 颗白子，加上上下 5 个空点，实地价值在 11 目左右。除此之外，外围 5 颗白子原有的真眼被破坏，白棋对右边的控制力也被削弱，黑棋破坏了白棋价值不确定的外势。相比之下，打劫处的实地价值更大，劫材处的外势价值更大，双方都可以满意，白 10 的选择理由充分。

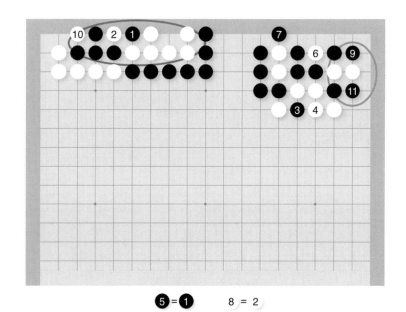

5 = **1**　　　8 = 2

左侧白棋救回6子，吃掉黑棋4子；
右侧黑棋救回1子，吃掉白棋2子，获得实地，破坏白棋真眼，黑白各有所得

图 1-25

1.3.4　对杀中劫的类型

1.3.4.1　紧气劫（12K）

如果打劫时，任何一方提劫后再用一手就可以提掉另一方，这种劫称为紧气劫，如图1–26。

紧气劫的特点是，除打劫的棋形外，双方各自只有1气。这一气可以是内气、外气或公气。

1.3.4.2　缓气劫（11K）

甲方提劫后再用一手就可以提掉乙方，但乙方提劫后需要不止一手才能提掉甲方，这就是对甲方有利的缓气劫。如果乙方需要比甲方多下一手才能成为紧气劫，这个劫对甲方而言是"缓一气劫"。同理，需要多下两手即为缓两气劫，需要多下三手或更多手则是"缓三气劫"或"赖皮劫"。

图1–27中的劫，黑先则成为黑棋的缓气劫，白棋的紧气劫；白先则双方均为紧气劫。

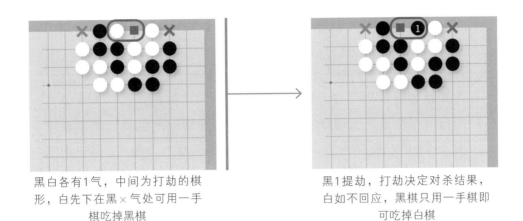

黑白各有1气，中间为打劫的棋形，白先下在黑×气处可用一手棋吃掉黑棋

黑1提劫，打劫决定对杀结果，白如不回应，黑棋只用一手棋即可吃掉白棋

图 1-26

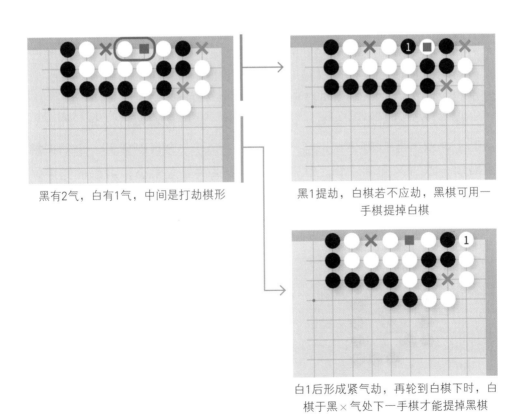

黑有2气，白有1气，中间是打劫棋形

黑1提劫，白棋若不应劫，黑棋可用一手棋提掉白棋

白1后形成紧气劫，再轮到白棋下时，白棋于黑×气处下一手棋才能提掉黑棋

图 1-27

1.3.4.3 连环劫（10K）

对杀中出现两个打劫的棋形，双方都拒绝粘劫，就能出现连环劫。

连环劫的特点是：双方都没眼，连环劫不可能存在；一方有眼，连环劫的结果可能是一方被杀；双方都有眼，连环劫的结果可能是双活。

图1-28的左图中有两个打劫的棋形，白棋有1口内气，黑棋无气。轮到黑棋下，按黑棋提掉下方的劫，白棋会立刻提掉上方的劫给自己增加1气来解除危机。黑棋继续找劫材，然后提掉上方的劫，白棋会立刻提掉下方的劫给自己增加1气。也就是说，在这个连环劫中，只有黑棋需要找劫材，而白棋只需要在找劫材的时候提掉另一个劫即可。因为劫材的数量是有限的，黑棋永远不可能赢得连环劫。当这种棋形出现时，对杀已经结束，结果是一方被杀。

值得注意的是，黑棋虽然已经被杀死，但这个连环劫是黑棋无限劫材的来源。如果其他地方发生打劫，黑棋每一次提这个劫都是一个劫材，无穷无尽。黑棋可以利用此处的连环劫打赢其他的劫。当两个连环劫在棋盘上同时存在且都是黑棋被吃掉时，有4个打劫的棋形同时存在，黑棋可以选择在它们之间来回提劫，从而形成"四劫循环"。

图1-28的右图中有两个打劫的棋形，黑白各有1口内气。在这个状态下，双方各自有2气，当一方提劫时，另一方可以提另一个劫来解除威胁，双方又回到了稳定状态。由于和平共处是常态，对杀的结果是双活。

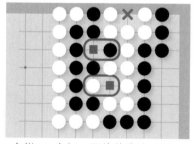

白棋1口内气，两处劫为连环劫，
黑棋被杀

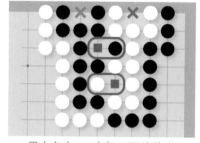

黑白各有1口内气，两处劫为
连环劫，双活

图1-28

1.3.4.4 套劫（9K）

对杀中打劫，如果一方提劫后提劫的棋子可以促成第二个打劫，这就是套劫。当套劫出现，打赢第一个劫之后还要继续打赢第二个劫才能取得对杀的胜利。

图 1-29 的左图中有一个打劫的棋形，右图中，黑 1 提劫，第一个打劫开始。黑 1 之后，产生第二个打劫的棋形。白 2 如果不回应，黑棋打赢第一个劫，但不能消劫，而是需要与白棋进行第二个打劫。黑 3 提劫，第二个打劫开始。白 4 如果继续不回应，黑棋打赢第二个劫，可以消劫，对杀的结果是白棋被杀。

紧气劫和缓气劫中，打赢一个劫意味着对杀的成功。而套劫中，打赢两个劫才意味着对杀的成功，而且这两个劫是渐进的关系。

如果右图中白棋与黑棋争夺并打赢第二个劫，套劫就会从右图中的状态变回左图中的状态，白棋同样不能消劫，只有打赢第一个劫之后才能提掉黑棋。也就是说，套劫在打劫的过程中有两种状态，与拉锯战类似。

左图中的状态是"正在打第一个劫"，对白棋较为有利；右图中的状态是"正在打第二个劫"，对黑棋较为有利。双方都只能通过在劫争这两个状态之间转换，直到一方被杀。

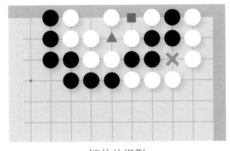

打劫的棋形

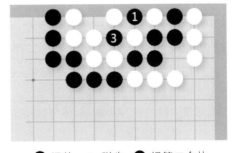

❶ 提劫　２ 脱先　❸ 提第二个劫

图 1-29

35

1.3.4.5　万年劫（8K）

遇到套劫这种拉锯战时，下定决心的一方可以一直不理会对方找劫材的下法，直到对杀取胜。虽然消劫的一方可能需要在提劫后花费两手棋，但每一手棋都发挥了作用，没有浪费。而"万年劫"则不同，万年劫是一种对峙状态，双方都需要在提劫后再花一手棋才能将对杀引向一个新的状态，要么走向和平的双活，要么走向矛盾激化的紧气劫。如果双方都不动手，双方就会一直这样对峙着。

何时将万年劫引向一个确定的结果，是个让双方都头疼的问题。万年劫的特点是，对杀中存在一个打劫的棋形和 2 口公气。图 1-30 和图 1-31 分别是万年劫黑棋提劫和白棋提劫的状态。图 1-30 中，黑棋提劫后白棋不回应，黑棋如果打吃，可以形成紧气劫；黑棋如果接，则会因为眼形不够大而成为死棋。图 1-31 中，白棋提劫后黑棋不回应，白棋如果打吃，可以形成紧气劫；白棋如果接，可以形成双活。

对于万年劫，如果是白棋局面领先，白棋倾向于主动选择打赢劫之后接，从而形成双活；黑棋则倾向于提劫后与白棋打紧气劫。如果是黑棋局面领先，黑棋倾向于选择按兵不动，在白棋有劫材的位置将棋形补好，减少白棋的劫材，等待白棋开劫；白棋则倾向于提劫后与黑棋打紧气劫。

通常，万年劫是领先一方的定时炸弹，同时是落后一方的救命稻草。

1.3.4.6　三劫循环（7K）

对杀出现三个打劫的棋形，或者全局内有三个双方都不想放弃的劫。就可能形成三劫循环。

1.3.4.7　四劫循环（7K）

对杀出现四个打劫的棋形，或者在全局范围有四个双方不愿意放弃的劫，就可能形成四劫循环。

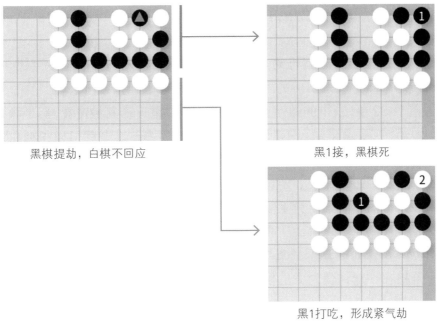

黑棋提劫，白棋不回应

黑1接，黑棋死

黑1打吃，形成紧气劫

图1-30 ●

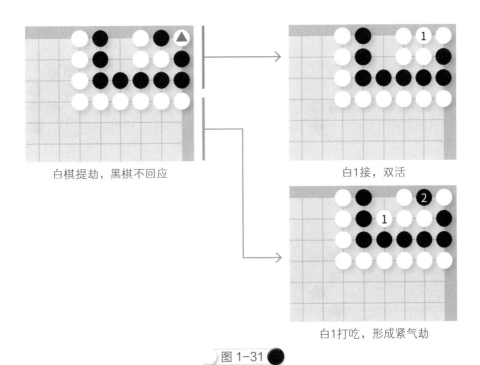

白棋提劫，黑棋不回应

白1接，双活

白1打吃，形成紧气劫

图1-31 ●

1.3.5 劫的其他应用

除了对杀中会用到打劫。我们在《简明围棋入门》中也提到过，打劫可以用来做活或杀棋。另外，打劫还可以用来连接或分断。

图1-32中，白棋的做活空间不足，白1如果下在其他位置，都是净死。白1做劫，打赢这个劫，白棋便可做活，黑棋打赢这个劫就可以杀掉白棋。

图1-33是一个经典的死活型，叫作"小猪嘴"。黑棋的空间看上去不小，但经过白1点、3立、5扑，造出了一个劫，白棋打赢这个劫，就可以杀掉黑棋。这个死活型有个俗语叫作"小猪嘴，点成劫"。

图1-34中，黑棋上下两处棋子，以及白棋左右两处棋子，相互都被分割开，▲处的劫至关重要，哪一方打赢了这个劫，就可以将自己的棋子连接在一起，使对方的棋子分崩离析。

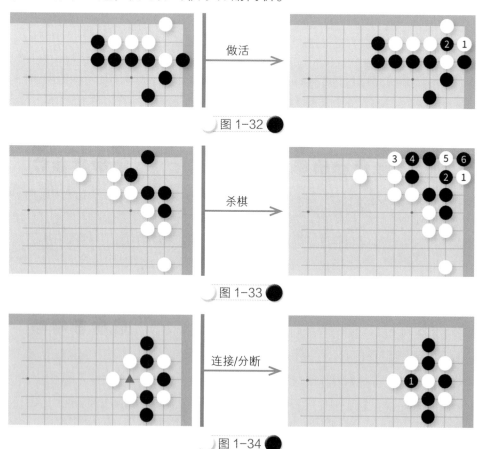

做活　图1-32

杀棋　图1-33

连接/分断　图1-34

1.4 赢得对杀的秘诀是什么?

对杀三步法如图 1-35。

第一步搜集信息，观察双方的基本情况，包括连接情况、眼和气的情况。

第二步是发现手段，通过观察得到的信息，寻找能够做眼或破眼，改变眼的大小、延气或紧气的有力手段。

第三步是确定策略，将自己第二步想到的手段进行排序和推算，考虑最终结果的可能性。

当然，如果对杀中有打劫的情况，那么就需要考虑打劫可能形成的特殊结果。

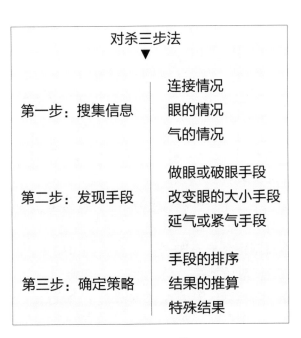

图 1-35

1.4.1 搜集信息

1.4.1.1 连接情况（7K）

对杀形成的条件是双方互相包围而且都没有两只真眼。如果包围圈尚未形成，可以逃跑的一方只需将自己的棋连回，即可避免对杀，使对方自动死亡。双方的连接情况是出现对杀时首先要检查的内容。

图1–36和图1–37中的棋形十分相似，去掉图1–36中一颗白子，并用×标注，即形成图1–37。图1–37中，白棋已被包围，但黑棋尚未被切断，可以从×标注的断点处逃跑。如果轮到黑棋下，黑棋在这个点粘住，对杀不复存在，白棋被杀。如果轮到白棋下，无论对杀结果怎样，在这个点断是唯一的选择。

1.4.1.2 眼的情况（7K）

如果对杀中一方做出了两只真眼，对杀自动结束，没有两只真眼的一方被杀。如果双方都没有两只真眼，有真眼的一方比没有真眼的一方更有优势，拥有大眼的一方比拥有小眼的一方更有优势。眼的情况是分析对杀结果的关键要素。

在图1–36中的一线上添加一颗黑子，即形成图1–38。图1–38中，黑棋的眼是弯三型。如果轮到黑棋下，黑棋在×标注的要点落子即可做成两只真眼，黑棋成活，白棋被杀。如果轮到白棋下，白棋必须立刻在这个点落子，才能使对杀继续。

图1–36中，白棋有一只真眼，内部有1个空点，是小眼。黑棋的真眼尚未完全封闭，可能形成弯三小眼，也可能形成方四大眼。

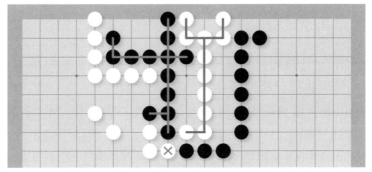

黑白双方均被对方包围，无法做活，形成对杀局面

图 1-36

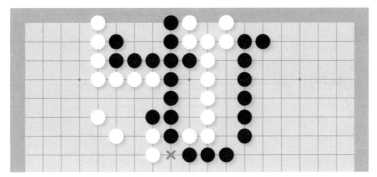

黑棋未被白棋完全包围，若黑棋在✕处连接，白棋直接被杀

图 1-37

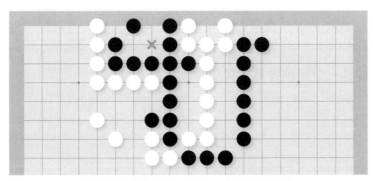

黑棋在✕处做成两只真眼，白棋直接被杀

图 1-38

1.4.1.3　气的情况（7K）

无论对杀的种类如何，双方 3 种气的数量对对杀的结果有决定性的影响。气的情况也是分析对杀结果的关键要素。

将图 1-36 中双方所有的气标出，如图 1-39 所示。双方有 3 口公气，白棋有 6 口外气和 1 口内气，黑棋有 2 口外气和数量不确定的内气。如果黑棋抢到 A 点，则黑棋有 5 口内气；如果白棋抢到 A 点，黑棋在 B 点挡住，则白棋需要立刻点入弯三防止黑棋形成两只真眼，在点入之前，黑棋有 3 口内气。

1.4.2　发现手段

1.4.2.1　做眼和破眼的手段（7K）

当对杀中的双方有公气，而且一方有半只眼时，做成或破掉这只眼对双方都很重要。

将图 1-36 中一线位置的一颗白棋去掉，并以 × 标注，即形成图 1-40，黑棋有一只真眼，白棋有半只真眼。如果黑棋能够在 × 位置落子，形成有眼杀无眼的可能性会大大增加。因此，在落子之前，我们知道 × 位是一个可供选择的关键点。

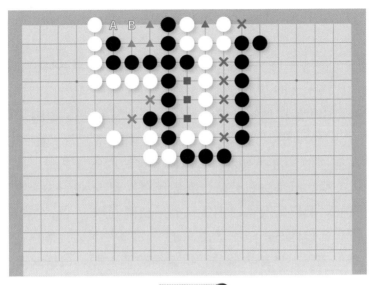

图 1-39 ●

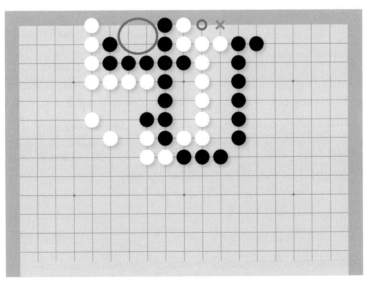

○为眼位，黑棋若在╳位破眼，则可寻求"有眼杀无眼"

图 1-40 ●

1.4.2.2　大眼和小眼的手段（7K）

在对杀中做成大眼，可能起到延气的作用。在有公气的对杀中做成大眼，还可以增加大眼杀小眼的可能性。

将图 1-36 中黑棋能够做成大眼的位置用 × 标出，如图 1-41 所示，如果黑棋在 × 位落子，则黑棋大眼的等效内气是 5 气。如果白棋在 × 位落子，黑棋挡住，白棋点入，则黑棋的等效内气是 2 气。以一手黑棋和一手白棋交换为标准进行分析，如果黑棋占到 × 位，白棋在大眼的内部紧气，交换后黑棋还有 4 口内气；如果白棋占到 × 位，黑棋挡住，交换后黑棋还有 3 口内气。也就是说，在 × 位落子可以让黑棋在对杀中获得 1 口额外的内气。做成大眼后，黑棋有方四大眼，白棋只有一只最小的真眼。如果最终能够形成大眼杀小眼，做成大眼功不可没。

1.4.2.3　紧气和延气的手段（7K）

在对杀中延展己方的棋形，可能起到延气的作用。

将图 1-36 中黑棋能够延展自身的位置用 × 号标出，如图 1-42 所示，如果黑棋在 × 位落子，黑棋有 4 口外气。如果白棋在 × 位落子，黑棋有 1 口外气。如果黑棋占到 × 位，白棋紧气，交换后黑棋还有 3 口外气；如果黑棋不能占到 × 位，黑棋相当于有 2 口外气。也就是说，在 × 位落子可以让黑棋在对杀中获得 1 口额外的外气。

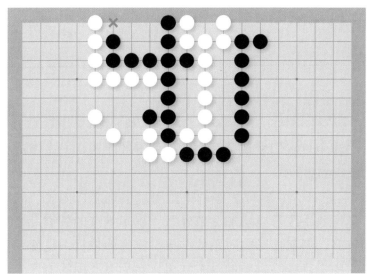

黑棋若在✕位落子形成大眼，则可寻求 "大眼杀小眼"

图 1-41 ●

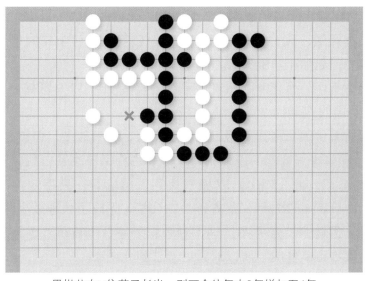

黑棋若在✕位落子长出，则可令外气由2气增加至4气

图 1-42 ●

1.4.3 确定策略

1.4.3.1 手段的排序（7K）

在第二步中，我们发现了两个较为关键的手段，一是做成大眼的手段，二是延气的手段。

如图 1-43 所示，做成大眼的手段可以增加 1 口内气，同时拥有一只大眼；延气的手段可以增加 2 口外气。确定候选的关键点之后，对这些手段的排序，将直接影响对杀的结果。排序的依据，是使用直接推算法判断不同的排序能够导向的对杀结果，然后在不同的排序中选出最佳排序。手段的排序要在判断对杀结果之后才能确定。

1.4.3.2 结果的推算（7K）

因为备选的关键点只有两个，所以排序也只有两种。一号方案：黑棋延气，白棋缩小黑棋的大眼。二号方案：黑棋做大眼，白棋阻止延气。根据直接推算法，双方采用外气→内气→公气→最后 1 口内气的紧气顺序进行下去，如图 1-43 所示。

一号方案中，黑棋和白棋都是小眼，至黑 15，双方都有 1 口内气和 3 口公气，有眼双活的结局已经无法改变。

二号方案中，黑棋是大眼，白棋是小眼，公气较多，白棋处于下风。至黑 11，黑棋大眼内部的空点只有 1 个，白棋又不想紧公气，只能停止紧气。在黑 13、黑 15 和黑 17 紧气之后，黑棋有一只等效内气为 2 气的大眼，白棋有 1 口内气，双方有 1 口公气，形成了大眼杀小眼的局面，白棋被杀。因此，二号方案正确，对杀结果是白棋被杀。因为这个对杀中特殊结果不可能形成，所以对杀三步法到此结束。

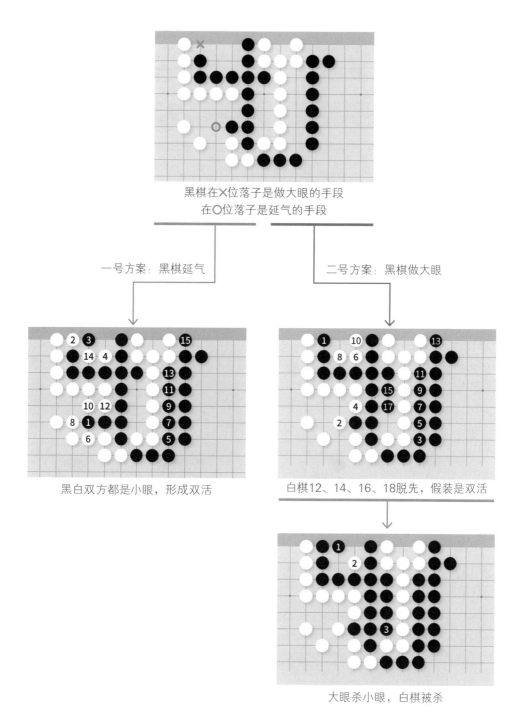

黑棋在✗位落子是做大眼的手段
在〇位落子是延气的手段

一号方案：黑棋延气

二号方案：黑棋做大眼

黑白双方都是小眼，形成双活

白棋12、14、16、18脱先，假装是双活

大眼杀小眼，白棋被杀

图 1-43

1.4.3.3 特殊结果（7K）

图 1-44 所示的对杀局面中有打劫存在，需要考虑特殊结果。双方互相包围，无法与外界己方的棋子连接，连接情况确认。图中有一个打劫的棋形，白棋提劫。除此之外，黑棋有 1 口内气和 2 口或 3 口外气，白棋有 3 口或 4 口外气，由打劫的状况决定，眼的情况和气的情况确认。对杀三步法的第一步完成。双方没有做眼和破眼的手段，没有做大眼和小眼的手段，也没有紧气和延气的手段。对杀三步法的第二步完成。如果不考虑特殊结局，黑棋直接紧白棋的外气，如右上图所示。黑 3 如果直接提劫，是对黑棋有利的缓一气劫；黑 3 如果下立，白棋紧气，将形成紧气劫。缓一气劫是双方的最佳结果。

如果考虑特殊结果，我们发现黑棋可以在右侧做成第二个打劫的棋形。有两个打劫的棋形的特殊结局是连环劫和套劫。此处显然不是套劫，可以思考连环劫的可能性。右下图中，黑 1 先做劫，白 2 打吃，黑 3 紧气，刚好形成连环劫。对杀的结果由对黑棋有利的缓一气劫，变成了白棋被杀的连环劫。

考虑特殊结果是对杀三步法中特殊的一步，可以找到被遗漏的着法，在整个流程中是不可或缺的。

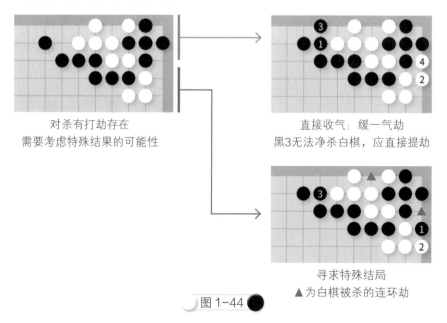

对杀有打劫存在
需要考虑特殊结果的可能性

直接收气：缓一气劫
黑3无法净杀白棋，应直接提劫

寻求特殊结局
▲为白棋被杀的连环劫

图 1-44

1.5 技能树

表 1-2 列举了 4 种不同对杀类型的气的情况、紧气顺序和可能出现的与打劫无关的结局；表 1-3 总结了与打劫相关的结局中劫的个数及后续发展；表 1-4 介绍了通用的对杀技巧。

这三张表概括了本章的全部内容。

表 1-2　不同对杀类型与打劫无关的结局

对杀类型	外气	内气	公气	紧气顺序	与打劫无关的结局
无公气对杀	可能有	可能有	无	外气⇨内气	一方被杀
有公气无眼对杀	可能有	无	有	外气⇨公气	一方被杀，无眼双活
有公气单方有眼对杀	可能有	单方有	有	均为：外气⇨内气⇨公气⇨最后一口内气	一方被杀
有公气双方有眼对杀	可能有	双方有	有		一方被杀，无眼双活

表 1-3　与打劫相关的结局

与打劫相关的结局	劫的数量	除打劫棋形外的气的特点	后续发展
紧气劫	1	双方各自只有 1 气	输掉打劫的一方被杀
缓气劫	1	一方只有 1 气／另一方多于 1 气	输掉打劫的一方被杀
连环劫	2	有眼方 1 口内气／无眼方没有气	一方被杀
	2	双方各有 1 口内气	有眼双活
套劫	2	—	连输两劫的一方被杀
万年劫	1	双方各有 2 口公气	紧气劫或双活
三劫循环	3	双方没有外气也没有内气	和棋或无胜负
四劫循环	4	双方没有外气也没有内气	和棋或无胜负

表 1-4　通用的对杀技巧

紧气顺序	结果判断方法	解题流程
外气⇨内气⇨公气⇨最后一口内气	直接推算法	对杀三步法

本章应掌握的技能树如表 1–5。

表 1–5　对杀技能树

技能类别	技能名称	技能描述	难度分类	围棋等级	是否掌握
对杀与气	外气	了解对杀中"外气"的特点	A	16K	
	公气	了解对杀中"公气"的特点	A	16K	
	内气	了解对杀中"内气"的特点	A	16K	
	不入气	掌握"推算对杀中不入气位置的气"的方法	A	15K	
	大眼	掌握"推算对杀中大眼的气"的方法	A	15K	
对杀的分类	无公气对杀	了解"无公气对杀"的特点 掌握"无公气对杀"的紧气顺序 掌握对"无公气对杀"结果判断的方法	B	14K	
	紧气和延气	掌握"紧气和延气"的对杀手段	B	13K	
	有公气无眼对杀	了解"有公气无眼对杀"的特点 掌握"有公气无眼对杀"的紧气顺序 掌握对"有公气无眼对杀"结果判断的方法	B	14K	
	无眼双活	了解"无眼双活"的特点 掌握"有公气无眼对杀中出现无眼双活"的条件	B	13K	
	有公气有眼对杀	了解"有公气有眼对杀"的特点 掌握"有公气有眼对杀"的紧气顺序 掌握对"有公气有眼对杀"结果判断的方法	B	10K	
	有眼杀无眼	了解"有眼杀无眼"的特点 掌握"有公气有眼对杀中出现有眼杀无眼"的条件	B	9K	
	长气杀短眼	了解"长气杀短眼"的特点 掌握"有公气有眼对杀中出现长气杀短眼"的条件	B	9K	
	有眼双活	了解"有眼双活"的特点 掌握"有公气有眼对杀中出现有眼双活"的条件	B	8K	
	大眼杀小眼	了解"大眼杀小眼"的特点 掌握"有公气有眼对杀中出现大眼杀小眼"的条件	B	7K	

技能类别	技能名称	技能描述	难度分类	围棋等级	是否掌握
打劫的知识	打劫的术语	了解"开劫、提劫、找劫材、消劫、应劫、得利"等打劫手段	C	5K	
	打劫的流程	了解打劫的完整流程 了解"开劫、提劫、找劫材、消劫、应劫、得利"等打劫手段在打劫流程中的作用	C	3K	
	打劫的价值判断	掌握"判断打劫处和劫材处的价值"的方法	C	1D	
对杀的结果	一方被杀	了解"一方被杀的对杀结局"的特点	B	14K	
	双活	了解"双活的对杀结局"的特点	B	13K	
	紧气劫	了解"紧气劫的对杀结局"的特点 掌握"紧气劫的对杀结局"的后续手段	B	12K	
	缓气劫	了解"缓气劫的对杀结局"的特点 掌握"缓气劫的对杀结局"的后续手段	B	11K	
	连环劫	了解"连环劫的对杀结局"的特点 掌握"连环劫的对杀结局"的后续手段	B	10K	
	套劫	了解"套劫的对杀结局"的特点 掌握"套劫的对杀结局"的后续手段	B	9K	
	万年劫	了解"万年劫的对杀结局"的特点 掌握"万年劫的对杀结局"的后续手段	B	8K	
	三劫循环	了解"三劫循环的对杀结局"的特点	B	7K	
	四劫循环	了解"四劫循环的对杀结局"的特点	B	7K	
对杀技巧	对杀三步法	灵活运用"对杀三步法"解决所有对杀题	B	7K	

第2章

局部战斗技巧：快速成为围棋
高手需要掌握哪些战斗秘诀？

作为一种圈地游戏，围棋最终目标是取得更大的地盘。这一章我们学习无论布局还是战斗都需要了解的基本知识。

2.1 棋子的配合

围棋中，棋子之间相互配合才能达到最好效果。棋子配合的好坏可以用三个标准来判断：速度、效率、坚固程度。

2.1.1 棋形速度（16K）

棋子在棋盘上扩展的快慢用棋形速度来衡量，如图2-1。

2.1.2 棋形效率（15K）

平均每颗棋子占地数量的多少代表棋形效率，如图2-2。

2.1.3 棋形坚固程度（16K）

指的是棋子之间连接是否牢固，如图2-3。

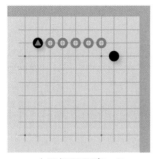

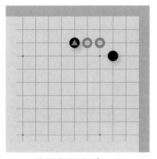

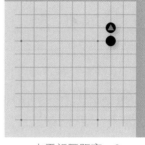

水平间隔距离：5
速度：快

水平间隔距离：2
速度：中

水平间隔距离：0
速度：慢

图 2-1

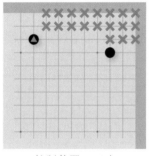

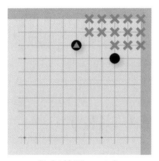

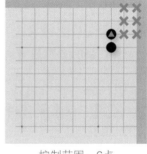

控制范围：19点
效率：高

控制范围：13点
效率：中

控制范围：6点
效率：低

图 2-2

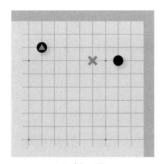

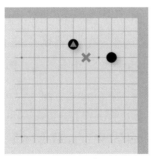

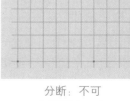

分断：易
坚固程度：低

分断：难
坚固程度：中

分断：不可
坚固程度：高

图 2-3

2.2 扩展、分断和连接

将棋子向不同的方向扩展的下法称为"棋子的扩展"，这是对局者占领棋盘上一个局部的开始。棋子在扩展之后将形成相对位置关系不同的棋形，它们在速度、效率和坚固程度上都有差异。

如果棋形的坚固程度低，对方就会考虑将这个棋形中的不同棋子分开，然后各个击破。破坏对方棋子之间连接的下法称为"棋子的分断"，在己方棋子之间建立连接的下法称为"棋子的连接"。连在一起的棋子能够组成一块棋，而被分断的棋子将会变成两块棋。

在局部战斗的过程中，同时处理两块棋的死活问题要比只处理一块棋难得多。因此，将对方分断是最直接的进攻手段。而将己方的两块棋连成一块，就会大大减轻同时处理两块棋死活问题的压力。因此，将己方的棋子连接是最直接的防守手段。

2.2.1 棋子的扩展（14K）

棋子扩展的基本手段包括"并（长）""尖""跳""小飞""大跳""大飞"和"象步"7种，如图2-4所示。距离比这7种手段更远的扩展手段，由于棋子彼此之间的配合较弱，在局部战斗中较为少见。

下在与第一颗棋子紧密相连的位置上称为"并"，下在对角线的位置上称为"尖"，下在间隔一个点的位置上称为"跳"，下在"日"字对角的位置上称为"小飞"，下在间隔两个点的位置上称为"大跳"，下在"目"字对角的位置上称为"大飞"，下在"田"字对角的位置上称为"象步"。

图2-4中，从左向右看，棋形的竖直距离相等，水平距离增加一格，第二颗棋子离第一颗棋子的距离更远；从上向下看，棋形的水平距离相等，竖直距离增加一格，第二颗棋子离第一颗棋子的距离也更远。因为距离越远越容易被对方切断，而距离越远速度越快，所以同一行的棋形中左图比右图更坚固，速度更慢，同一列的棋形中上图比下图更坚固，速度更慢。

速度快的棋形效率更高，但因为这些棋形在棋盘上的位置不同，控制的范围和占据的地盘的数量也不一样，所以判断棋形的效率还需要考虑棋形所在的具体位置。

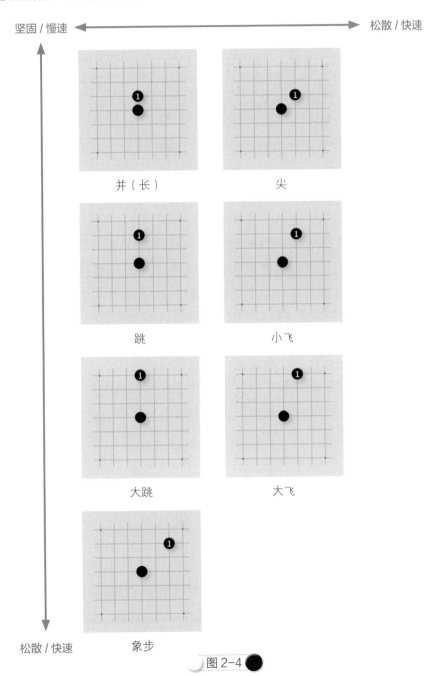

图 2-4

2.2.2 分断和连接（14K）

对于 7 种扩展棋形，坚固程度越高的棋形，被分断的可能性越小。最坚固的"并"的两颗棋子已经紧密相连，被分断的可能性为零；而最松散的"象步"，由于有中心位置"穿象眼"的分断手段，被分断的可能性很大。图 2-5 展示了白棋如果想要分断黑棋能够采取的常用进攻手段，以及黑棋相应的防守手段。

"并"是没有弱点的，不能被分断。

"尖"处在一个方格的对角线位置，剩余的两个未占据的点都能直接连接 2 颗黑子。由于在非打劫的状态下白棋不能在同一局部连下两手，尖可以被当作不可分断的棋形看待。白 1 挤，给尖制造了一个断点。作为回应，黑 2 粘，安全连接，没有被分断的压力。

"跳"的弱点是中间间隔的一点，黑棋在这个点上落子可以直接连接 2 颗黑子。白棋如果想分断黑棋，只能在白 1 的位置挖。黑 2 打吃，为连接 2 颗黑子而努力，白 3 长，救出挖的一子，给黑棋在右边留下两个断点。黑 4 在下方粘，白 5 在上方断，黑棋被分断。

"小飞"的弱点是 2 颗黑子之间水平方向的两点。白 1 靠，黑 2 挡，黑棋在左上出现一个断点。白 3 断，黑棋被分断。

"大跳"的弱点是 2 颗黑子之间竖直方向的两点。白 1 靠，黑 2 扳，白 3 扳，黑 4 打吃，白 5 长，白棋和黑棋各自为分断和连接的目标而努力。至白 5，形成混战。

"大飞"的弱点是 2 颗黑子之间的方格 4 点。白 1 点，黑 2 挡，白 3 扳，黑 4 断，黑棋已被分断。

"象步"是对角线方向上的"跳"，弱点是对角线方向上间隔的点。白 1 穿象眼后，黑棋已被分断，没有什么可以继续连接的手段。

坚固 / 慢速 ◄━━━━━━━━━━━► 松散 / 快速

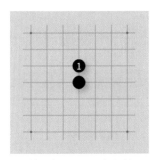

并（长）：无法分断

尖：无法分断

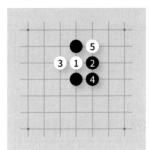
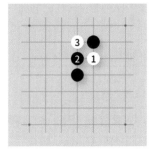

跳：强行分断

小飞：强行分断

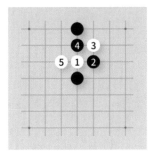
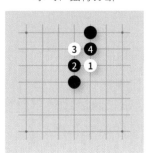

大跳：分断

大飞：分断

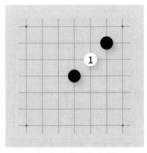

松散 / 快速

象步：轻松分断

图 2-5 ●

2.2.2.1　尖的攻防手段（14K）

图2-6展示了尖的攻防手段。对于尖没有分断手段，威胁手段是挤，连接手段是粘和虎。

尖是稳定连接的棋形，在进攻方不能连下两手时，不会被分断。

● 威胁手段——挤

无论是如左图所示尖的附近没有白子，还是如中图所示尖的附近有白子，白棋在尖的缺口处落子都称为"挤"。

挤的作用是让尖产生断点。如果黑棋不回应，白棋下一步的进攻手段便是断。

● 连接手段——粘和虎

黑棋除了左图最常规的连接手段粘，黑棋还可以采用右图黑2虎的手段做成虎口的棋形保护断点。

由于虎的延伸速度比粘快，在很多的场合都是更好的选择。

2.2.2.2　跳的攻防手段（13K）

图2-7展示了跳的攻防手段。对于跳，分断手段是挖和冲，威胁手段是点，连接手段是粘和挡。

跳的棋形紧凑且坚固，当附近没有棋子接应时，直接分断跳是有风险的下法。

● 分断手段——挖和冲

当跳中间的点两侧没有白子时，在中间的点落子的白1称为"挖"（左图）。左图进行至白5，白棋将上方的黑子与下方分断，但因为下方的3颗黑子棋形坚固，延伸范围广，形成的局面对黑棋更有利。

中图，当跳中间的点两侧之一有白子时，白1的手段称为"冲"。冲的意图是分断黑棋，冲破跳的棋形，从而进入右侧的区域。冲是强有力的进攻手段，因为黑2后黑棋出现两个断点，而2颗白子有3气，没有连接问题，与黑棋相比是更坚固的一方。

● 威胁手段——点
　　当挖的手段预期效果不佳时，可以选择右图白1点的威胁手段。如果黑棋不回应，白棋的下一步手段便是冲。

● 连接手段——挡和粘
　　对于挖的手段，左图白3后，黑棋形成两个被挤后的尖的棋形，连接手段与尖的情况相同。
　　对于冲的手段，中图黑2挡可以阻止白棋继续前进，但断点依旧存在，双方继续作战。
　　对于点的手段，右图黑2粘可以直接连接2颗黑子。

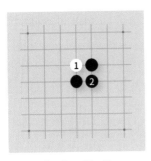
白1挤，黑2粘

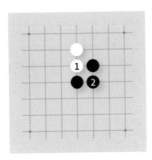
白1挤，黑2粘

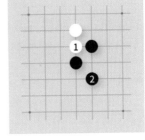
白1挤，黑2虎

图2-6 ●

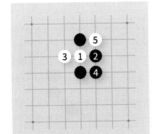
白1挖，黑2打吃，白3长，
白4粘，白5断

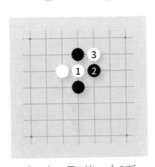
白1冲，黑2挡，白3断

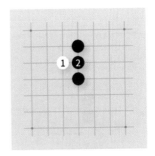
白1点，黑2粘

图2-7 ●

61

2.2.2.3 小飞的攻防手段（13K）

图2-8展示了小飞的攻防手段。对于小飞，分断手段是靠、跨和冲，没有威胁手段，连接手段是挡和冲。

小飞棋形紧凑且坚固，当附近没有棋子接应时，直接试图分断小飞是有风险的下法。

● 分断手段——靠、跨和冲

左图，当小飞两侧没有白子时，白棋在白1或黑2的位置落子称为"靠"。进行至白3后，白棋虽然将黑棋切断，但白1面临被征吃的危险。在征子不利时，白棋不能选择这种下法。

中图，当白棋在中间点两侧的位置之一有子时，白1的手段称为"跨"。与左图的靠相比，旁边多出的白子对白1没有帮助，但使2颗黑子减少1气，因此比靠对黑棋更有威胁。

右图，白1的手段称为"冲"，冲可以解决左图白1有可能被征子的问题，从而使白3断没有后顾之忧。

跨和冲都是分断小飞的有力手段，需要防范。

● 连接手段——挡和冲

对于白棋的"靠"（左图）和"冲"（右图），为了不让白棋将2颗黑子彻底冲散，黑2挡是正确的连接手段。黑棋挡之后，虽然仍有断点，但能够保证不被白棋直接穿透。

对于中图白棋的跨，黑2冲是正确的连接手段。黑2因为白棋事先多出一子，名称从"挡"变为"冲"，但目的与挡相同，都是防止被对方穿透。

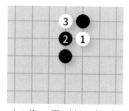

白1靠，黑2挡，白3断

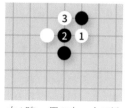

白1跨，黑2冲，白3断

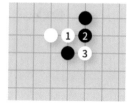

白1冲，黑2挡，白3断

图2-8

2.2.2.4 大跳的攻防手段（13K）

图 2-9 展示了大跳的攻防手段。对于大跳，分断手段是靠，威胁手段是点，连接手段是扳和挡。

与跳相比，大跳的 2 颗棋子之间的距离更远，棋形因此更加松散，更容易被分断。

● 分断手段——靠

左图，白 1 在大跳之间的两点之一落子，称为"靠"。进行至白 5 后，白 3 面临被征吃的危险，但白 1 下方的黑子也面临同样的危险。双方陷入混战，黑棋将根据全局的状况决定是吃掉白 3 还是救回白 1 下方的黑子。

● 威胁手段——点

当通过靠的手段形成左图局面且对白棋不利时，白棋可以选择右图中白 1 点的威胁手段，如果黑棋不回应，白棋继续下在黑 2 的位置，黑棋将难以连接。

● 连接手段——扳和挡

对于靠的手段，左图中的黑 2 扳是正确的连接手段，可以防止被白棋穿透。黑 2 也可以根据实际情况选择在白 5 的位置扳，与图中的黑 2 方向不同。对于点的手段，右图中的黑 2 挡即可连接 2 颗黑子。之后，黑棋形成跳的棋形，白棋可以选择在 A 点威胁黑棋，或在 B 点挖继续进攻黑棋。

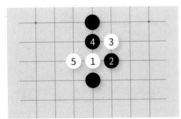

白1靠，黑2扳，白3扳，黑4打吃，
白5长

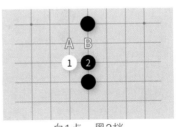

白1点，黑2挡

图 2-9

63

2.2.2.5　大飞的攻防手段（13K）

图 2-10 展示了大飞的攻防手段。对于大飞，分断手段是点和靠，没有威胁手段，连接手段是挡和扳。

与大跳相似，大飞棋形松散，容易被分断。

● 分断手段——点和靠

在 2 颗黑子之间的 4 个点中，左图中白 1 与 2 颗黑子不直接接触的下法称为"点"；右图中白 1 与 1 颗黑子直接接触的下法称为"靠"。

左图中，白 1 点后进行至黑 4，黑棋已被分断，轮到白棋下。白 1 和白 3 都面临征子的问题，当 2 颗白子都征子不利时，白棋不能选择这种下法。只要有 1 颗棋子征子有利，白棋即可动手。

右图中，白 1 靠后进行至白 3，黑棋已被分断，轮到黑棋下。黑棋对白 1 和白 3 都没有直接可行的吃子方法，双方陷入混战。

● 连接手段——挡和扳

对于点的手段，左图中的黑 2 挡是正确的连接手段。对于靠的手段，右图中的黑 2 扳是正确的连接手段。

挡和扳都可以防止黑棋被白棋穿透。

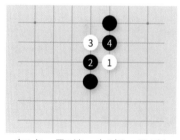
白1点，黑2挡，白3扳，黑4断

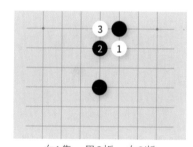
白1靠，黑2扳，白3断

图 2-10

2.2.2.6 象步的攻防手段（13K）

图 2-11 展示了象步的攻防手段。对于象步，分断手段是穿象眼，威胁手段是点，没有连接手段。

象步棋形松垮，很容易被分断，而延伸速度与大飞差异不大，因此只在一些特殊的场合使用。

● 分断手段——穿象眼

左图中的白1，在象步对角线间隔的点——"象眼"处落子，称为"穿象眼"。白棋穿象眼后，黑棋已被分断。白棋可以向上发展也可以向下发展，黑棋对白1没有直接的进攻手段。

● 威胁手段——点

如果黑棋周围有其他棋子的配合，左图中的白1手段很冒险时，白棋也可以选择右图中的白1点，如果黑棋不回应，白棋再穿象眼。

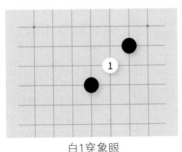

白1穿象眼

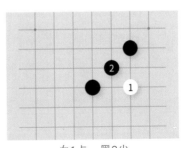

白1点，黑2尖

图 2-11

2.3 如何接近对方的阵营?

局部战斗的起因是双方对棋盘上某个区域的地盘归属产生争执。

当双方的棋子彼此接近时,局部战斗才会产生。战斗开始后,除了分断和连接之外,双方可以通过阻拦对方的棋子来减小对方的延伸范围,降低对方的坚固程度,也可以通过延伸己方的棋子来扩大己方的延伸范围,提高己方的坚固程度。

棋子的接近是挑起局部战斗的方式,棋子的阻拦是削弱对方的进攻手段,棋子的延伸是加强己方的防守手段。

在实战中,由于棋盘是完全对称的,通常以棋盘的中心为高位,以边缘为低位;以向宽广的空间行棋为外,以向己方根据地行棋为内。我们以此为前提进行说明。

2.3.1 接近的手段

2.3.1.1 逼、肩冲和镇(12K)

如图 2-12。

逼:在边上同路的高度与对方间隔一个交叉点落子。

肩冲:在对方斜上方对角线的位置落子。

镇:在对方上方间隔一个交叉点落子。

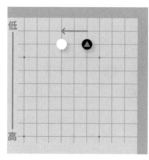 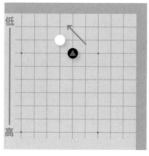 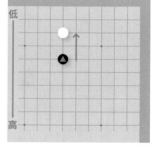

▲黑子逼,将白棋向平行方向驱赶　▲黑子肩冲,将白棋向斜下方驱赶　▲黑子镇,将白棋向下方驱赶

图 2-12

2.3.1.2 托、碰、靠和搭（12K）

直接接触的接近手段如图 2-13 所示。当白棋附近已经有黑子时，使用直接接触的接近手段更为常见。

黑棋在白棋右边有子时，如左上图所示，黑棋在低位与白棋接触的手段称为"托"；右上图中，黑棋从高度相同的位置与白棋接触的手段称为"碰"；左下图中，黑棋在高位与白棋接触的手段称为"靠"；黑棋在白棋高位有子时，如右下图所示，黑棋从高到低与白棋接触的手段称为"搭"。靠和搭的手段通常在名称上可以混用。

与接近的手段相比，直接接触的手段能给对方造成更大的威胁，逼迫对方立即回应，是充满攻击性的手段。与对方直接接触的代价是接触的棋子自身的气数较少，更容易被对方攻击。是否选择与对方直接接触，要根据双方在附近是否有接应的棋子以及棋子的相关位置来决定。

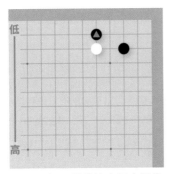

▲黑子托，黑棋较白棋在低位

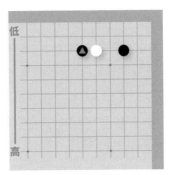

▲黑子碰，黑棋与白棋高度相同

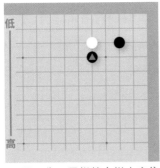

▲黑子靠，黑棋较白棋在高位

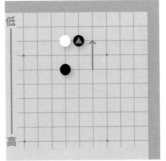

▲黑子搭，▲黑子相对另一颗黑子是由高到低

图 2-13

67

2.3.2　直接阻拦的手段

直接阻拦对方棋子的手段，包括"扳""连扳""拐"和"顶"4种。

2.3.2.1　扳和连扳（11K）

图2-14展示了"扳"和"连扳"两种直接阻拦的手段。左图中，2颗黑子和2颗白子都向外延伸，齐头并进，轮到黑棋下。黑棋阻止白棋继续向外延伸的手段称为"扳"。白棋如果在右侧也以扳作为回应叫作"反扳"，如右图所示，黑棋继续阻止白棋向外延伸的手段称为"连扳"。

扳、反扳和连扳自身的棋形有断点，但充满攻击性，即使有弱点，也要阻拦对方向某个方向前进。

2.3.2.2　拐和顶（11K）

图2-15展示了"拐"和"顶"两种直接阻拦的手段。左图中，3颗黑子和2颗白子都向外延伸，黑棋在前，轮到黑棋下。黑棋阻止白棋继续向外延伸的手段称为"拐"。右图中，白棋托后，黑棋向右延伸，堵住白▲向左前进的方向，同时自己向右的前进方向也被堵住，这种下法称为"顶"。

拐和顶的棋形没有断点，因此可以有力地阻拦对方向某个方向前进。

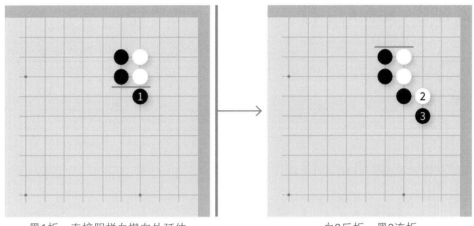

黑1扳，直接阻拦白棋向外延伸　　　　　白2反扳，黑3连扳

图 2-14

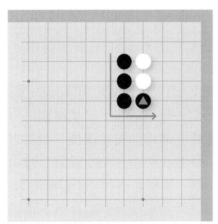

黑方在前，黑▲拐

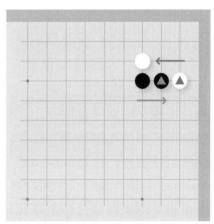

黑▲顶，白▲向左的前进方向被挡

图 2-15

2.3.3 延伸的手段

延伸己方的棋子的手段，包括"长""立""压""贴""爬"和"退"6种。

2.3.3.1 长和立（11K）

图 2-16 展示了"长"和"立"两种延伸手段。当双方的棋子齐头并进时，如左图所示，向高位延伸的手段称为"长"；如右图所示，向低位延伸的手段称为"立"。

长和立的棋形不会被对方分断，坚固程度最高，但只是单纯的延伸，对于对方的棋子没有阻拦作用。

2.3.3.2 贴、压、爬和退（11K）

图 2-17 展示了"贴""压""爬"和"退"4种延伸手段。左图 3颗白子和 2 颗黑子都向边上延伸，白棋在前。轮到黑棋下，黑棋跟随白棋向外延伸的手段称为"贴"。从左向右看，黑棋的贴在高位，阻拦白棋向高位前进，这时的贴也称为"压"。中图 3 颗白子和 2 颗黑子都向外延伸，白棋在前，从左向右看，白棋在高位，黑棋在低位。轮到黑棋下，黑棋跟随白棋向外延伸的手段称为"爬"。右图黑棋向左延伸的方向已被白棋阻拦，黑棋向反方向延伸的手段称为"退"。贴、压和爬是对对方的延伸手段的回应，目的在于跟上对方的延伸速度；退是对对方阻拦手段的回应，目的在于连回己方被阻拦的棋子。

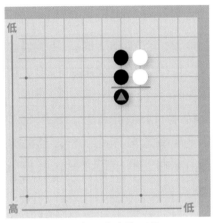

黑▲长，向高位延伸

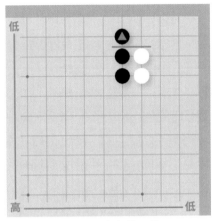

黑▲立，向低位延伸

图 2-16 ●

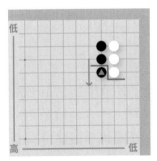

黑▲既是贴，也是压

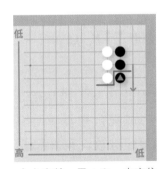

白方在前，黑▲爬，在高位

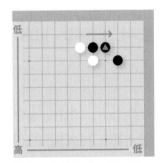

黑方向左前进方向被挡住，
黑▲退，反向连回己方棋子

图 2-17 ●

71

2.4 在棋盘上，一场局部战斗的过程是怎样的？

当对局双方对于一个局部的归属产生争议、互不相让时，只能通过局部战斗解决。我们学习的所有攻防技巧，包括吃子、死活、对杀、棋形的技巧，都是为局部战斗服务的。当局部战斗进行到白热化阶段时，我们可以使用吃子、死活和对杀的技巧在局部一举战胜对方。在局部战斗形成的过程中，我们可以扩展己方的棋子或接近对方的棋子，然后采用进攻和防守的手段推动局部战斗的发展。掌握这些技巧之后，我们就成了在局部战斗中具备充足战斗力的合格战士。

然而我们缺少一个局部战斗的指挥官，因为我们不知道这些技巧在什么情况下使用才能发挥最大的作用。本节中，我们将对已经掌握的技巧进行全面地梳理。学习本节后，我们将成为局部战斗的合格指挥官。

2.4.1 战斗的手段（11K）

局部战斗中，双方使用的所有手段都是 2.2 和 2.3 节中提到的 6 种手段之一。与己方的棋子形成配合需要使用扩展手段。己方的棋子形成配合后，对方通过分断的手段进攻，己方需要通过连接的手段防守。对对方的棋子产生威胁，需要使用接近手段。双方的棋子接近后，己方需要通过分断和阻拦的手段进攻，对方需要通过连接和延伸的手段防守。6 种手段之间的关系，如图 2-18 所示。

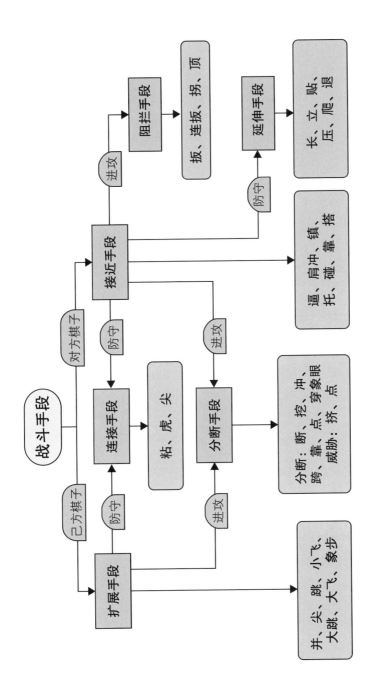

图 2-18

73

2.4.2 战斗的开始

延伸己方棋子的手段，包括"长""立""压""贴""爬"和"退"6种。

双方的棋子在一个局部开始互相接近时，局部战斗的苗头已经产生，双方都想着占领地盘和威胁对方，但不够强大，只能通过棋形的攻防手段加强自己，削弱对方。当其中的一方准备充足后，将通过切断和围堵的方式向对方发起攻击。切断和围堵是局部战斗正式开始的标志。

2.4.2.1 切断（10K）

将对方一分为二无法连接的下法称为"切断"，如图2-19。

2.4.2.2 围堵（10K）

"围堵"是指使用阻拦的手段缩小对方的延伸范围，使对方面临被包围的困境。围堵对方的棋子后，如果对方既不能逃出包围圈，又不能做出两只真眼，就要面临被吃的命运。

图2-20中，至黑21，右上方的大块白棋连接紧密，子力充足，将黑9和黑19向右前进的方向完全堵住。左侧的白18一子限制了2颗黑子向左前进。白22围堵，阻止黑棋继续向中腹前进。白22之后，2颗黑子能够逃出的方向只剩下中腹左侧的小缺口。

这种情况下，黑棋除了向中腹逃跑之外，只能原地做成两只真眼，否则就有性命之忧。从白22开始，黑棋需要立刻采取连接2颗黑子的行动，局部战斗正式开始。

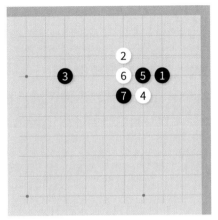

至黑7断，将白棋一分为二

图2-19 ●

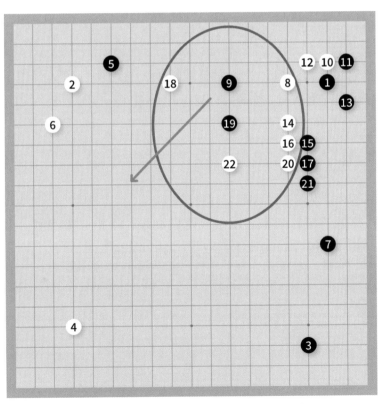

白22镇，围堵黑棋，黑棋只有箭头所示的唯一出口

图2-20 ●

2.4.3　战斗与薄厚

棋盘上强棋称为厚棋，弱棋称为薄棋。

判断厚薄有三个标准：坚固程度、延伸范围、根据地。

2.4.3.1　坚固程度（9K）

坚固程度高的棋形指的是不容易被分断的棋，就是厚棋；反之是坚固程度低的薄棋，如图2-21。

2.4.3.2　延伸范围（9K）

延伸范围越大的棋，逃跑的范围越大，被包围的可能性越小，棋形就很厚；反之就是薄棋，如图2-22。

2.4.3.3　根据地（8K）

有根据地的棋，未来可以做成两只真眼，不担心被包围；反之没有根据地的棋，被包围后就只能逃跑。如图2-23。

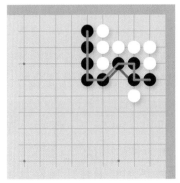

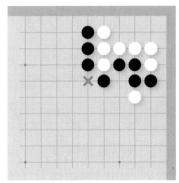

黑棋无断点，连接牢固，并有虎口，
黑棋厚

×位黑棋有断点连接不牢固，
黑棋薄

图 2-21

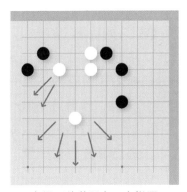

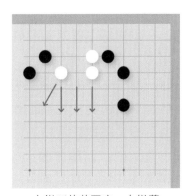

白棋延伸范围宽，白棋厚

白棋延伸范围窄，白棋薄

图 2-22

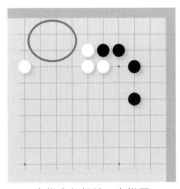

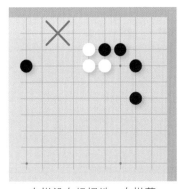

白棋有根据地，白棋厚

白棋没有根据地，白棋薄

图 2-23

2.4.4　战斗的进程

局部战斗中使用的手段分为 5 种，以厚的一方切断或围堵薄的一方为起点。

战斗开始后，不同情况下的战斗进程如图 2-24 所示。图中完整地解释了局部战斗过程中在何种情况下应当使用何种战斗技巧。我们在《简明围棋入门》一书中学习了吃子技巧，逃跑技巧和整形技巧将在本书后文进行讲解。

当双方厚薄相近时，如果双方各自延伸、逃跑，局部战斗不会发生。如果双方能够采用整形手筋整理自己的棋形，就能让己方的棋形速度更快、更有效率、更坚固。如果双方互相包围，就会形成对杀，对杀技巧更好的一方能够取得对杀的胜利，从而取得局部战斗的胜利。

当双方一厚一薄时，厚方倾向于进攻薄方，挑起局部战斗。当薄方无眼时，厚方的目标是采用吃子技巧，将薄方切断后包围吃掉；而薄方的目标是采用逃跑技巧，逃出包围圈，保证自己的安全。当薄方有眼时，厚方的目标是采取死活技巧，将薄方围堵后包围，阻止薄方做成两只眼，从而将其杀死；而薄方的目标是通过逃跑技巧，逃出厚方的包围圈，或通过死活技巧做成两只真眼从而就地做活。

本节将从古力和李世石进行的"Milly 梦百合世纪之战——古李十番棋"最终完成的 8 盘对局中，找到图 2-24 中提到的所有分支。

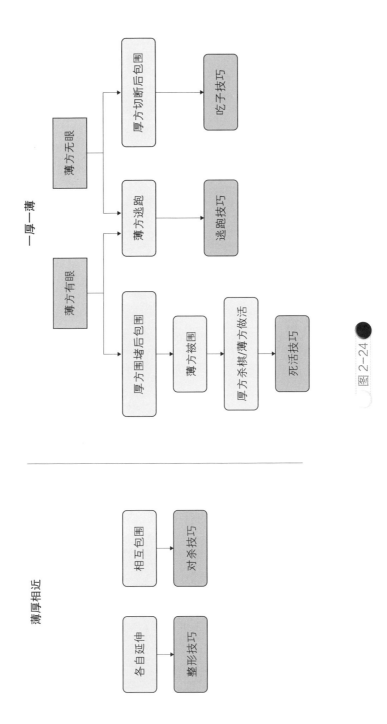

图 2-24

2.4.4.1 厚薄相近——各自延伸（7K）

图 2-25 是十番棋中的第二局，是厚薄接近时各自延伸的例子，双方运用了整形技巧。

左图中，左侧的 3 颗白子的坚固程度较高，延伸范围较小，根据地较小；左侧的 3 颗黑子连接不牢固，延伸范围适中，没有根据地。双方在这个局部形成对攻，轮到黑棋下。

由于双方的厚薄差异不明显，黑棋决定使用右图中各自延伸的策略，采用黑 41 和黑 43 的整形手筋，不仅补好了黑棋大跳棋形在连接上的弱点，还做出了一只真眼的眼形，自己的棋形得到了加强，同时缩小了白棋的延伸范围。而白 42 和白 44 采用跳的下法延伸自己的棋形，白棋的延伸范围广，也消除了被黑棋进攻的危机。双方各自延伸，各自保全，局部战斗没有发生。

2.4.4.2 厚薄相近——相互包围（7K）

图 2-26 是十番棋中的第三局，是厚薄接近时互相包围的例子，双方运用了对杀技巧。

左图中，右下角白棋断，挑起局部战斗。由于双方的棋形都有缺陷，双方都小心翼翼，既要保证己方不被对方击溃，又要对对方产生最大的威胁。右图是实战的进行，至黑 61，形成对杀，白棋不活，黑棋也不活，角上有一个尚未开始的打劫棋形。局面复杂，局部战斗仍将继续，双方对杀技巧的比拼将决定战斗结果。

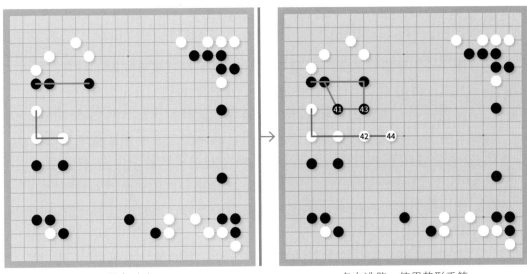

黑白对攻

各自逃跑，使用整形手筋

图 2-25 ●

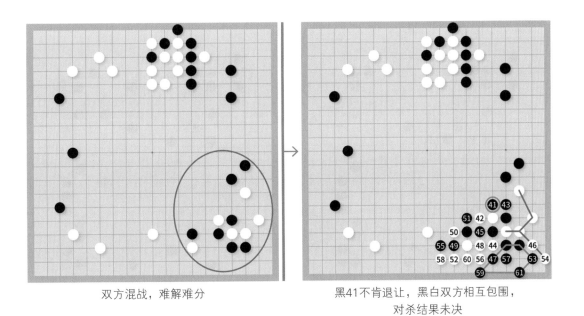

双方混战，难解难分

黑41不肯退让，黑白双方相互包围，
对杀结果未决

图 2-26 ●

81

2.4.4.3 一厚一薄——厚方切断（7K）

图 2-27 是十番棋中的第四局，是一厚一薄时厚方切断的例子，黑棋是厚方，运用了形成包围圈的吃子技巧。

左图中，右上角的 4 颗黑子棋形坚固，是厚棋；而 3 颗白子中包含大跳的棋形，与左侧的白子有一定距离，是薄棋。右图是实战的进行，黑 57 首先威胁要将左侧的白子和右上角 3 颗白子切断，白 58 补好后，黑 59 对大跳的棋形发起进攻。至黑 63，黑棋将下方的白子成功切断后，在右侧形成大型的包围圈，不仅将这颗白子吃掉，而且将这颗子附近的地盘尽收囊中。

图 2-28 是十番棋中的第六局，是一厚一薄时厚方切断的例子，黑棋是厚方，运用了形成包围圈的吃子技巧。

左图中，下边的黑棋和白棋纠缠在一起，形成混战。下方的 4 颗黑子棋形坚固，白棋对于上方的 3 颗黑子暂时没有直接有效的吃子手段。而 4 颗白子有断点，棋形薄弱。右图是实战的进行，黑 53 将白棋切断后可吃掉左侧的两子，白 54 和 56 将另外两颗白子救出。局部战斗黑棋取得了吃子的战果。

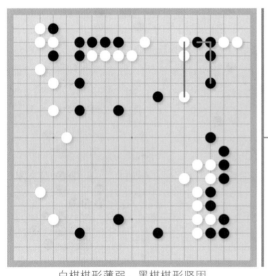 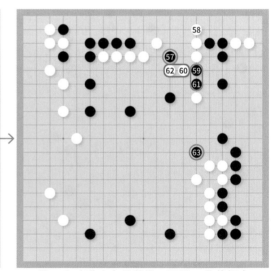

白棋棋形薄弱，黑棋棋形坚固　　　　黑57主动进攻白的薄棋，至黑63收获颇丰

图 2-27 ●

图 2-29 是十番棋中的第八局，是一厚一薄时厚方切断的例子，黑棋是厚方，运用了形成包围圈的吃子技巧。

左图中，右侧的黑子的棋形都很坚固，而 5 颗白子连接松散，斜线标注的白子之间形成了象步的棋形，有明显的缺陷。右图是实战的进行，黑 53 尖，将象步切断。至黑 65，白棋尽力将黑子含在嘴里的白子救回，但上方 3 颗白子陷入黑棋的包围圈，无法逃出，最终被黑棋吃掉。

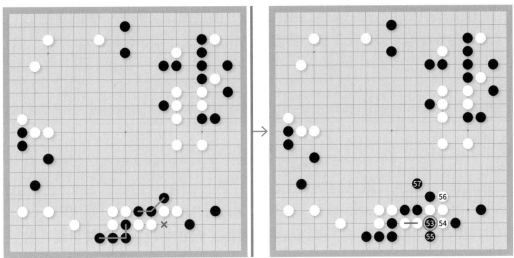

白×位有断点，棋形薄弱；黑棋形坚固，暂时安全

白两子被吃，厚方将薄方切断

图 2-28

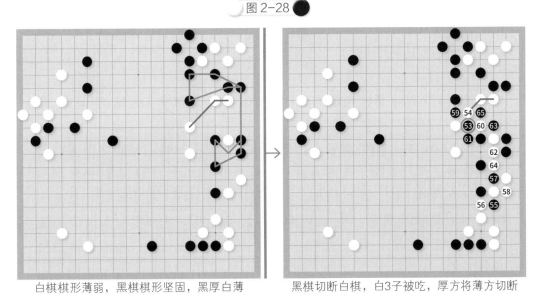

白棋棋形薄弱，黑棋棋形坚固，黑厚白薄

黑棋切断白棋，白3子被吃，厚方将薄方切断

图 2-29

2.4.4.4 一厚一薄——薄方逃离（7K）

图 2-30 是十番棋中的第一局，是一厚一薄时薄方逃跑的实例，黑棋是薄方，运用了逃跑技巧。

左图中，左下角 2 颗黑子陷入白棋的重重包围。由于眼位不足，黑棋只有突破包围圈才能逃脱。右图是实战的进行，黑 19 碰是逃跑的技巧，利用白棋棋形上的弱点从包围圈中打开一条通路。至黑 27，黑棋虽然仍然没有根据地，但摆脱了被白棋直接杀死的命运，逃跑成功。

2.4.4.5 一厚一薄——厚方围堵（7K）

图 2-31 是十番棋中的第五局，是一厚一薄时厚方围堵的实例，白棋是薄方，使用了做活的死活技巧。

左图中，右侧的 2 颗白子势单力薄，大飞的棋形有被分断的可能，占领的根据地需要扩展才能做成两只真眼。而左侧的黑棋连接牢固，是厚棋。右图是实战的进行。黑 19 镇，采取围堵的方式进行攻击，目标是收紧对白棋的包围圈。白 20 向外逃跑，黑 21 阻拦白棋。白 22 改变策略，意图从逃出变为扩大根据地。至白 28，黑棋将白棋包围，白棋稳住根据地，成功做活。

图 2-32 是十番棋中的第七局，是一厚一薄时厚方围堵的实例，白棋是厚方，使用了杀棋的死活技巧。

左图中，左上角的黑子有两个断点，内部有一颗白子直中要害，无法保证做成两只真眼，与下方黑子的连接也不牢固。而左右的白棋都是有两只真眼的活棋，弱点很少。右图是实战的进行，白 164 在将上方黑棋与下方切断的同时，将击中要害的白子拉出，进一步缩小黑棋的生存空间。至白 186，黑棋被完全包围，而且没有做成两只真眼，被白棋杀掉。

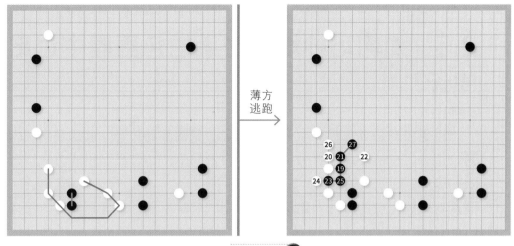

薄方
逃跑
→

图 2-30 ●

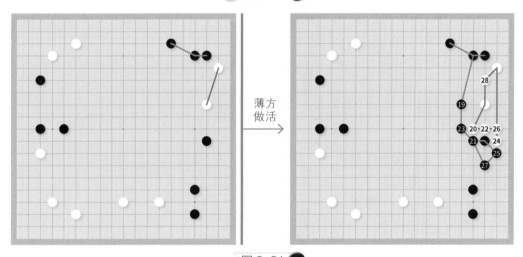

薄方
做活
→

图 2-31 ●

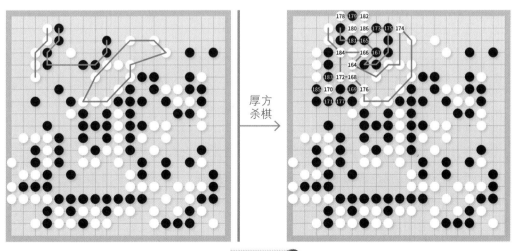

厚方
杀棋
→

图 2-32 ●

2.5 如何巧妙地从对手的包围圈中逃出生天?

逃跑技巧是局部战斗中薄方逃出厚方包围圈的技巧。逃跑技巧包含两个部分,一是使用能够形成坚固的棋形的下法,二是利用对方在棋形上的弱点。形成坚固的棋形的下法包括并(长)、尖、虎、跳和小飞等;利用对方的弱点的方法,包括利用打吃、点等手段,或者利用对方不入气的点等。

2.5.1 坚固的棋形

2.5.1.1 长(14K)

长是最坚固的棋形,不可分断。图2-33中,长是黑棋的最佳选择。左图中,黑棋两子被白棋围堵,逃跑范围小,只有下方可以逃出。白棋在黑棋的左右两边都是铜墙铁壁,但下方缺少接应。右图中,黑1长,也下出铜墙铁壁的棋形,不露任何破绽。之后,黑棋的逃跑范围变大,白棋已无法封锁黑棋。与此相同的,并、退、爬等都是坚固的棋形。

2.5.1.2 尖(14K)

尖也是坚固的棋形。与长相比,尖有被对方用挤的手段威胁的可能性,但延伸速度较快,尖和长各有优势。图2-34中,尖是黑棋的最佳选择。左图中,黑棋的逃跑范围小,可以向中腹逃跑,但右侧的3颗白子控制范围较大,黑棋必须加快脚步才能逃出包围圈。右图中,黑1尖,远离右侧强大的3颗白子,加速向左侧逃跑。左侧只有1颗白子,白棋无法将黑棋包围。如果黑棋使用长的手段,由于速度太慢,很可能被白棋直接包围。

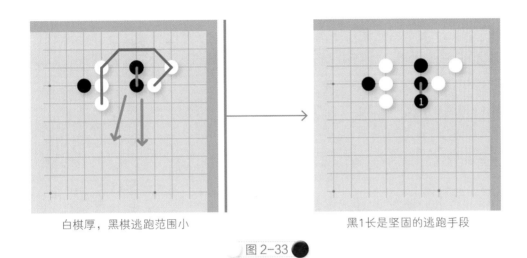

白棋厚，黑棋逃跑范围小   黑1长是坚固的逃跑手段

图 2-33 ●

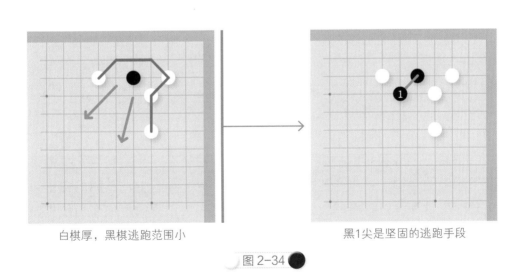

白棋厚，黑棋逃跑范围小   黑1尖是坚固的逃跑手段

图 2-34 ●

2.5.1.3　虎（14K）

　　虎口是用 3 颗棋子形成的坚固棋形。由于在虎口中落子会被立即提掉，因此虎是坚固的连接手段。图 2-35 中，虎是黑棋的最佳选择。左图中，白棋左右都很厚，黑棋必须将左侧的 1 颗黑子与右侧的 2 颗黑子连接才能逃出。黑棋有粘和虎两种选择，由于右图中黑 1 虎的下法可以增加逃跑的范围，虎是比粘更好的逃跑手段。

2.5.1.4　跳（13K）

　　跳的棋形虽然不够坚固，但延伸速度快。如果对方形成包围圈的棋子距离稍远，跳也是可以选择的逃跑手段。图 2-36 中，跳是黑棋的最佳选择。左图中，由于黑棋的逃跑范围适中，左右的白子与黑子有一定的距离，黑棋可以加快脚步。右图中，黑 1 跳后，白棋虽然有挖的进攻手段，但因为会伤及左边的白子而不能使用，黑棋逃跑成功。

2.5.1.5　小飞（13K）

　　在对方形成包围圈的棋子距离己方更远时，小飞也是可以选择的逃跑手段。图 2-37 中，黑棋的最佳选择是小飞。左图中，左侧的白子与黑子距离两点，对黑棋的压力相对较小，而右侧白棋的小飞压迫黑棋，黑棋需要在连接坚固的前提下选择速度最快的手段。右图中，黑 1 小飞，接近左侧的白子，在将黑棋拉出的同时，还对左侧的白子形成一些威胁。小飞后，黑棋的逃跑范围变大，而白棋因为顾及左侧被压迫的白子不能采用靠的进攻手段，黑棋成功逃出。

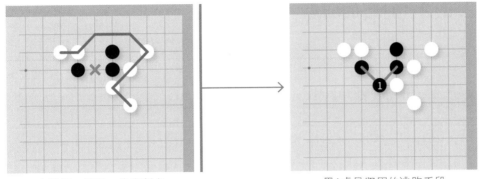

白棋厚，黑棋×位有断点

黑1虎是坚固的逃跑手段

图 2-35 ●

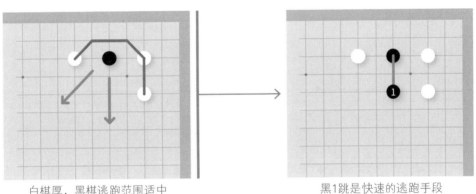

白棋厚，黑棋逃跑范围适中

黑1跳是快速的逃跑手段

图 2-36 ●

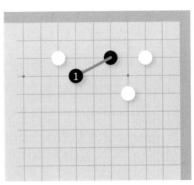

白棋厚，黑棋距左侧白棋较远，逃跑
范围适中

黑1小飞是快速的逃跑手段

图 2-37 ●

2.5.2　对方的弱点

2.5.2.1　打吃（10K）

当对方一些形成包围圈的棋子只有 2 气时，可以用打吃的手段来逃跑。

图 2-38 的左图中，上方的 2 颗黑子即将被包围，白棋的棋形有弱点，被圈出的白子只有 2 气。右图中，黑 1 打吃，威胁白子，同时与边上的 2 颗黑子接近。由于白子即将被提掉，白 2 只能选择连回白子。黑 3 再粘，成功将 2 颗黑子救回。

2.5.2.2　不入气（9K）

当对方的棋子可能存在不入气的情况时，也可以加以利用，借机逃跑。

图 2-39 的左图中，左侧的 4 颗黑子已被包围，右侧的 2 颗白子只有 2 气。由于黑棋即使吃掉这 2 颗白子也无法做出两只真眼，黑棋不能利用打吃的手段逃跑。右图中，黑 1 冲，与左边的 4 颗黑子接近。由于黑棋形成的断点是白棋不入气的点，白棋无法切断黑棋，黑棋逃跑成功。

2.5.2.3　点（8K）

对于跳的棋形或虎口的棋形，点是具有威胁的手段，当对方的包围圈中包含跳或虎口的棋形时，可以考虑使用点的手段威胁对方后再逃跑。

图 2-40 的左图中，2 颗黑子即将被包围，右侧白棋的包围圈有虎口的棋形，可以借用。黑 1 点，与 2 颗黑子形成尖的棋形，同时威胁白棋的虎口。白 2 回应威胁，将虎口粘住。黑 3、黑 5 与中腹的棋子连接，成功逃跑。

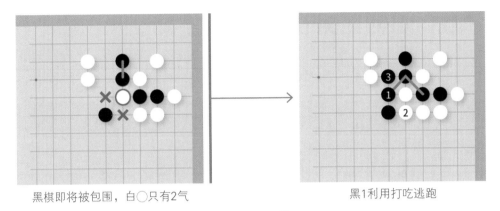

黑棋即将被包围，白○只有2气

黑1利用打吃逃跑

图 2-38

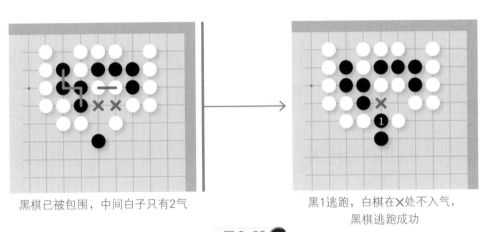

黑棋已被包围，中间白子只有2气

黑1逃跑，白棋在✕处不入气，
黑棋逃跑成功

图 2-39

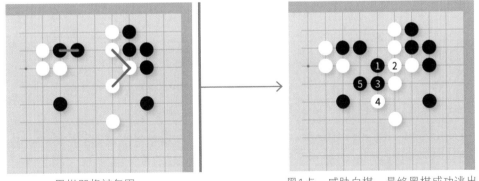

黑棋即将被包围，
白棋的虎口可被"借用"

黑1点，威胁白棋，最终黑棋成功逃出

图 2-40

2.6 如何区分棋形的好坏?

整形技巧是用最少的手数提高己方棋形的速度、效率和坚固程度，降低对方棋形的速度、效率和坚固程度的整理棋形的技巧。整形技巧可以让己方的棋形变成好形，或者让对方的棋形变成坏形，从而在棋子延伸过程中取得更加好的效果。

为了理解整形技巧的作用，我们需要首先学会评价棋形。

速度很快的棋形是好形，称为"轻形"；速度过慢的棋形是坏形，称为"重形"。

效率很高的棋形是好形；效率过低的棋形是坏形，包括"裂形"和"愚形"。

坚固程度高的棋形是好形，称为"厚形"；坚固程度低的棋形是坏形，称为"薄形"。

2.6.1 棋形的评价

2.6.1.1 轻形和重形（8K）

图 2-41 中，左图是白棋的轻形，右图是白棋的重形。

左图中，4 颗白子形状分散，向各个方向扩展的速度都很快，形成的巧妙配合使黑棋没有很好的进攻手段。黑棋如果选择进攻白棋整体，难度很大；如果选择进攻其中一颗白子，又因为收益太小而显得无意义。对于这个轻形，白棋几乎不需要担心它的死活问题。

右图中，5 颗白子团簇在一起，向各个方向扩展的速度都很慢。白棋虽然没有被黑棋分断的可能性，但容易被黑棋用大包围圈一网打尽，棋子众多、损失巨大。对于这个重形，白棋要时刻担心它的死活问题。

2.6.1.2 裂形和愚形（7K）

图 2-42 中，左图是白棋的裂形，右图是白棋的愚形。

左图中，白棋的小飞棋形被黑棋穿透，一分为二。由于 2 颗白子之间的配合被彻底消除，又各自撞在黑棋的墙上，不仅不能发挥占领地盘的作用，还随时可能被黑棋包围和吃掉。这 2 颗棋子没有发挥应有的作用，效率极低。

右图中，4 颗白子形成一个方四的棋形，其中左上角的白子是废子，毫无作用。与 4 颗黑子相比，4 颗白子占领的地盘小很多，控制的范围小很多，还没有建立根据地，可能面临黑棋的攻击，效率极低。

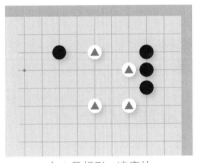

白▲是轻形，速度快

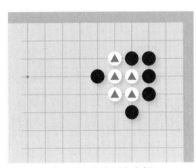

白▲是重形，速度慢

图 2-41

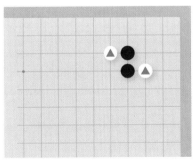

白▲是裂形，无法连接，效率低，
棋子无用

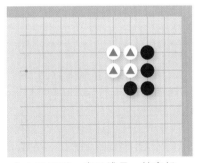

白▲是愚形，废子堆叠，效率低，
棋子无用

图 2-42

2.6.1.3 薄形和厚形（8K）

图 2-43 中，左图是白棋的薄形，右图是白棋的厚形。

左图中，4 颗白子连接不牢，棋形有缺陷，小小的一块棋有 3 个断点，黑棋可以任选一个将白棋切断。白棋由于棋形太薄，必须立即在断点下子，将破碎的棋形补好。

右图中，白棋采用了"双虎"的手段形成两个虎口。双虎后，白棋只剩下一个断点，而黑棋在这里断只能吃掉右边 1 颗无关紧要的白子。白棋连接牢固，已经成为厚形。

2.6.2 整形手筋

掌握棋形的评价标准之后，我们可以学习用来整形的手筋。这些手筋的共同点是将己方的棋形变得更好，或将对方的棋形变得更差。加强己方棋形的整形手筋包括"虎""双""小飞"和"跳方"等；削弱对方棋形的整形手筋包括"立""夹""点方"和"滚打包收"等。

2.6.2.1 虎、双、小飞和跳方（10K）

图 2-44 展示了加强己方棋形的整形手筋。

左上图中，黑 1 虎加强了上方 3 颗黑子自身的连接，消除了白棋挖的进攻手段，同时增加了黑棋对左侧和中腹的控制能力，阻止白棋继续向左侧前进。一举多得的虎，整形效果出色。

右上图中，中间的几颗黑子没有根据地，连接有缺陷，延伸范围小，是薄棋，处于危险的境地。黑 1 双，消除了连接上的弱点，增加了延伸范围，同时减小了左侧 3 颗白子的延伸范围。黑棋虽然仍然没有根据地，但与左侧的白子相比，从薄棋变成厚棋，不再危险。

左下图中，黑棋有一个断点，是薄棋，有被对方分断的可能。黑棋可以选择的补断手段包括粘、虎和图中的小飞。其中，黑 1 小飞是最好的下法，虽然这3种下法都能达到补断的效果，但小飞可以获得最大的延伸范围，对周围区域的控制力最强。

右下图中，黑棋的速度较慢，形状局促，没有明确的眼位，还有一个可以被白棋威胁的断点，是薄棋。黑1跳方，保护有断点的区域，做成一个真眼的眼形，增加了延伸范围，不仅提高了效率，而且将黑棋从薄棋直接变成厚棋。

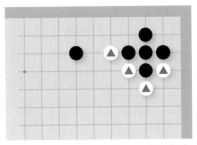

白▲是薄形，连接不牢固，断点较多

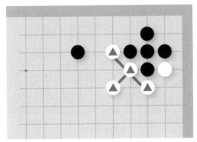

白▲是厚形，连接牢固，形成双虎好形

图2-43

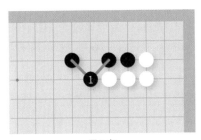

黑1虎

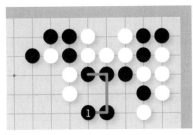

黑1双

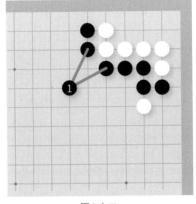

黑1小飞

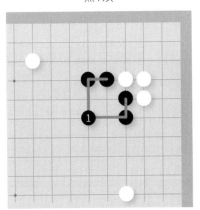

黑1跳方

图2-44

2.6.2.2　立、夹、点方和滚打包收（8K）

图 2-45 中展示了削弱对方的整形手筋。

左上图中，被打吃的黑子已无法逃脱，白棋的延伸范围很广。黑 1 立，运用了弃子的技巧，通过送吃 1 颗黑子来延气，黑棋获得了黑 3 打吃、黑 5 紧气和黑 7 打吃的先手借用。至白 8，白棋的延伸范围被缩小很多，黑棋的棋形也先手加强了很多。

右上图中，右侧的 2 颗黑子已经被吃，左侧的 2 颗白子还有向左前进的空间。黑 1 夹，将白棋向左前进的道路彻底封死。由于黑 1 后，白棋和黑棋都只有 2 气，白棋必须立即紧气。白 4 后，黑棋先手消除了白棋对左侧区域的控制。

左下图中，白棋的棋形是跳方之前的弱形。黑 1 在白棋可以跳方的位置落子，称为"点方"。黑 1 点方，消除白棋的眼位，威胁白棋的断点，同时缩小白棋的延伸范围，是强有力的进攻手段。

右下图中，白棋气紧，用来分断黑棋的 2 颗白子只有 2 气，很容易被黑棋连续打吃。黑 1 扑，运用了弃子的技巧。白 2 提后，黑 3 和黑 5 连续打吃，将白棋打成一张大饼。白 6 后，黑 7 双虎，将自己的棋形加强。白棋形成了速度低、效率低、延伸范围小、没有根据地的大愚形，而黑棋的连接牢固，延伸范围大，在局部战斗中稳稳占据上风。

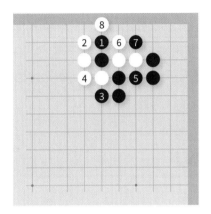

黑1立，弃子整形

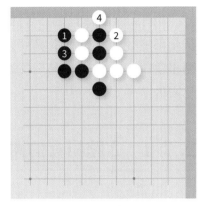

黑1夹，封锁整形

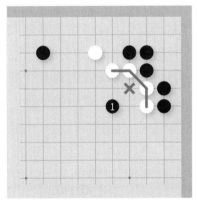

黑1点，瞄准白棋断点✕

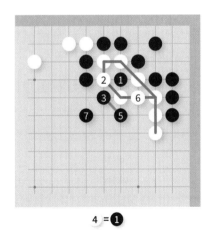

4 = ❶

黑1扑，滚打后，白棋呈大愚形

图 2-45 ⚫

2.7　围棋高手们神秘的计算力到底是什么？

围棋的所有变化都可以抽象为树形图的一个分支，以树形图代表围棋的所有变化的思维方式称为"树形思维"。

对于 19 路棋盘的一个局部，人类棋手可以计算出局部的大多数甚至全部变化，在这种情况下，我们可以认为变化是有限的。对于整个 19 路棋盘，变化的数量是天文数字，在这种情况下，我们可以认为变化是无限的。

2.7.1　2 路棋盘的树形思维（5K）

为了让问题从简单开始，我们以 2 路棋盘为例，解释树形图和围棋变化的对应关系。

图 2-46 的左侧是 2×2 的棋盘，棋盘上的 4 个点，分别被标注为 1、2、3、4。假设围棋中没有气的规则，黑白交替落子，双方需要各下两子将棋盘填满。当黑棋的第一手下在 1 点时，双方填满棋盘的顺序共有 6 种，包括 1234、1243、1324、1342、1423 和 1432，如中图所示。这 6 种顺序，可以与右图中的树形图从最左边的起点到最右边的 6 个终点之一形成的 6 条路径一一对应。也就是说，黑 1 下在 1 点后的局面，可以被右图中的树形图完整地表示。

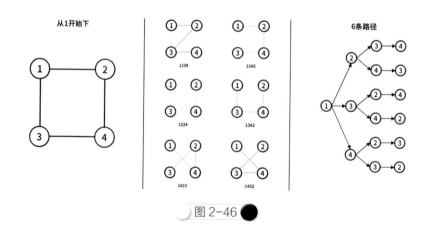

图 2-46

去除图 2-46 中对黑棋第一手下在 1 点的限制，那么黑棋的第一手有 4 种选择，每一种选择对应 6 种变化。也就是说，在不考虑气的规则的条件下，2×2 棋盘共有 24 种变化。

这些变化可以用图 2-47 中的树形图完整地表示，图中共有 24 条从最左边起点到最右边终点的路径。

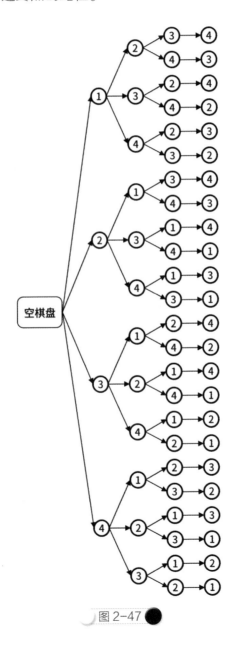

图 2-47

2.7.2　局部战斗的计算力（1D）

计算力是指在给定局面下找出双方最佳下法的能力。计算力包括追踪和筛选两方面：追踪是指从最左边的起点开始，找到所有路径和终点的能力；筛选是指在所有路径中找出并选择双方最佳的路径的能力。局部战斗中，变化数量有限，计算力是决定战斗结果的核心能力。

对于图 2-47 中 2 路棋盘的情况，可追踪的路径共 24 条。筛选的能力可以让对局者评估这 24 条路径对应的最终结果，并且在它们中选出对于双方都是最佳结果的那一条。由于变化的数量有限，双方掌握相同的信息，在理想的情况下会选择同一条路径，采取相同的下法，最终走向双方的最佳结果。

如图 2-48，我们在《简明围棋入门》一书中已经使用过树形思维分析和解决死活题。由于局部的选点较少，变化数对于人类来说是有限的。之前使用的排除法综合地运用了追踪和筛选的方法，是正确运用计算力的典型例子。在考虑气的规则的条件下，黑棋首先运用追踪的方法，算出 8 个变化，也就是图 2-49 中的 8 条路径。

在了解了全部路径以及对应的结果之后，黑棋运用筛选的方法，以到达终点时白棋的死活情况为排序标准，在图 2-48 的 8 个变化中选出白净死的变化，也就是将图 2-49 中的 8 条路径进行排序，最终选出从 S18 到 R19 的最佳通路。

吃子技巧、死活技巧、对杀技巧、逃跑技巧和整形技巧，都是历代棋手总结出的在局部战斗中快速追踪和筛选的结论，在实战中能够直接使用，可以大幅缩短计算时间，同时显著地降低出错的概率。学习并且灵活运用这些技巧的过程，就是计算力提升的过程。这就是完成本套书的阅读和练习后能够达到计算力业余 1 段（1D）水平的根本原因。

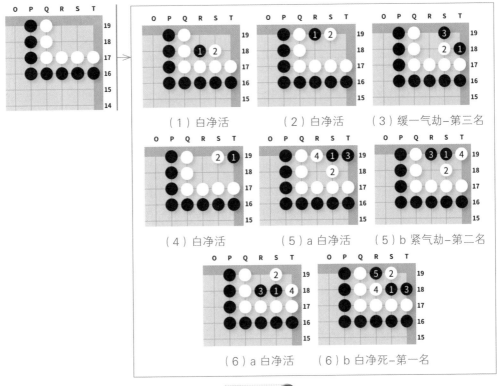

（1）白净活　　　　（2）白净活　　　　（3）缓一气劫-第三名

（4）白净活　　　　（5）a 白净活　　　　（5）b 紧气劫-第二名

（6）a 白净活　　　　（6）b 白净死-第一名

图 2-48

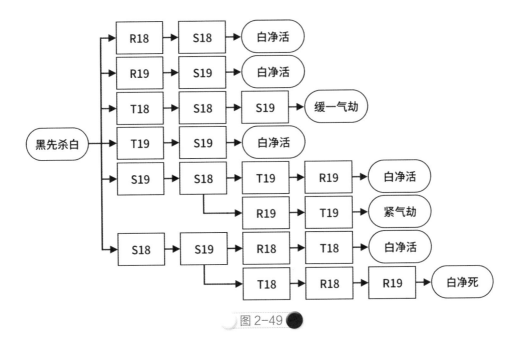

图 2-49

2.7.3 全局范围的大局观（1D）

除计算力外，围棋的另一大核心技能是大局观。

大局观是在全局范围内获得最大领地的能力。在树形图上，大局观是在无限变化的情况下筛选不同选点的能力。在全局范围内，变化数量无限，大局观是决定地盘大小的核心能力。

对于 19 路棋盘，如果仅仅使用计算力，总的变化数量是天文数字。由于生理条件的限制，最强的人类棋手追踪路径的深度不过五六十手，距离路径的终点很远。由于追踪不成功，不同的选点无法评估，无法排序，筛选也无法进行。在这种情况下，大局观是必不可少的技能。

大局观可以跳过追踪的方式，通过其他的方式完成筛选，从而选出特定局面下的最佳选点。

由于有棋盘边缘的存在，棋盘的各个部分的价值不尽相同，有大小之分。为了提高获胜的概率，每一手棋都要下在整个棋盘上可以获得最大价值的区域。找到价值最大的区域之后，棋子之间的不同配合方式能决定圈地的效果。这种判断价值、决定顺序、选择配合方式的策略称为"大局观"。

图 2-50 中的对局的黑方是 AlphaGo，白方是李世石职业九段。

至白 2，布局阶段结束，进入中盘阶段。当前局面下，双方瓜分了边角的地盘，左下角和右下角的局部战斗也都告一段落。轮到黑棋下，黑棋需要在全局范围内找到价值最大的点，这个点能够压缩对方的实地和外势，或者能够扩张己方的实地和外势，或者两者兼顾。由于无法明确地定量分析每个点的价值，想要找到这个点，需要非凡的大局观。

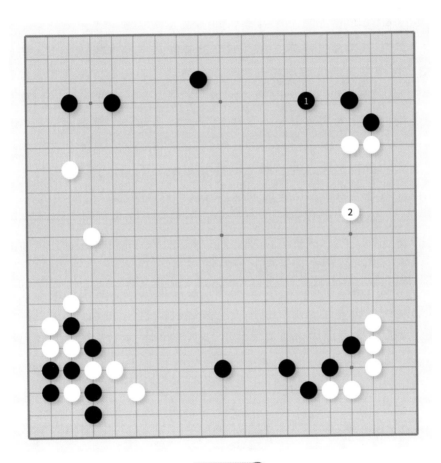

图 2-50 ●

这盘对局的实战进行如图 2-51 所示。

AlphaGo 采取了黑 3 在五路肩冲的下法，压缩了白棋右边的实地，增加了黑 3 左下方的外势，同时远远地威胁左下角白棋的弱点。进行至黑 33，白棋左下角的弱点被黑棋利用，外势几乎没有发挥作用，而黑棋在左侧的外势范围却大大增加。在黑 33 守住上边的实地后，对局的形势由势均力敌变为黑棋领先。这种转变，黑 3 起到了至关重要的作用。黑 3 是不符合人类围棋价值观的一手，却是 AlphaGo 认为的最佳选点。按照人类的逻辑，黑 3 在五路上，损失实地，不适合使用。而按照机器的逻辑，黑 3 可以在当前局面下取得最高的胜率，因此是最佳选点。

AlphaGo 的大局观基于后台至少百万级别的变化推算，选点是依靠计算力得来的。而人类的大局观，选点只能依靠经验和直觉。依靠人类的思维能力，大局观也是没有上限的。

不断研习高手的棋谱，体会高手在空旷的局面下选点的能力，是提升大局观的最佳途径。对局也是检验大局观的最佳途径。如果总是能够根据大局观找到局面中价值最大的点，就会在不知不觉中取得领先局势。

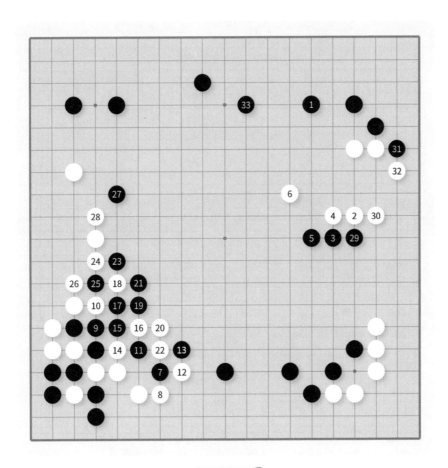

图 2-51 ●

2.8　技能树

本章应掌握的技能见表 2-1。

表 2-1　局部战斗技巧技能树

技能类别	技能名称	技能描述	难度分类	围棋等级	是否掌握
模子的配合	棋形速度	了解"棋形速度" 掌握"判断棋形速度"的方法	A	16K	
	棋形效率	了解"棋形效率" 掌握"判断棋形效率"的方法	A	15K	
	棋形坚固程度	了解"棋形坚固程度" 掌握"判断棋形坚固程度"的方法	A	16K	
战斗的手段	棋子的扩展	了解"并、尖、跳、小飞、大跳、大飞、象步"扩展手段的特点	A	14K	
	尖的攻防手段	掌握"尖的棋形"的攻防手段	B	14K	
	跳的攻防手段	掌握"跳的棋形"的攻防手段	B	13K	
	小飞的攻防手段	掌握"小飞棋形"的攻防手段	B	13K	
	大跳的攻防手段	掌握"大跳棋形"的攻防手段	B	13K	
	大飞的攻防手段	掌握"大飞棋形"的攻防手段	B	13K	
	象步的攻防手段	掌握"象步棋形"的攻防手段	B	13K	
	逼、肩冲和镇	了解"逼、肩冲和镇"接近手段的特点	B	12K	
	托、碰、靠和搭	了解"托、碰、靠和搭"接近手段的特点	B	12K	
	扳和连扳	了解"扳和连扳"阻拦手段的特点	B	11K	
	拐和顶	了解"拐和顶"阻拦手段的特点	B	11K	
	长和立	了解"长和立"延伸手段的特点	B	11K	
	压、贴、爬和退	了解"压、贴、爬和退"延伸手段的特点	B	11K	
	战斗的手段	了解所有扩展、分断、连接、接近、阻拦和延伸手段的特点	B	11K	
战斗的流程	切断	了解"切断和围堵是战斗的开始"的原因	B	10K	
	围堵	了解"切断和围堵是战斗的开始"的原因	B	10K	
	坚固程度	了解"坚固程度"对棋形厚薄的影响	B	9K	
	延伸范围	了解"延伸范围"对棋形厚薄的影响	B	9K	
	根据地	了解"根据地"对棋形厚薄的影响	B	8K	

技能类别	技能名称	技能描述	难度分类	围棋等级	是否掌握
战斗的流程	厚薄相近（各自延伸）	掌握"局部战斗中选择各自延伸策略"的条件	B	7K	
	厚薄相近（互相包围）	掌握"局部战斗中选择互相包围策略"的条件	B	7K	
	一厚一薄（厚方切断）	掌握"局部战斗中选择厚方切断策略"的条件	B	7K	
	一厚一薄（薄方逃跑）	掌握"局部战斗中选择薄方逃跑策略"的条件	B	7K	
	一厚一薄（厚方围堵）	掌握"局部战斗中选择厚方围堵策略"的条件	B	7K	
逃跑技巧	长	掌握"利用长的手段逃跑"的方法	B	14K	
	尖	掌握"利用尖的手段逃跑"的方法	B	14K	
	虎	掌握"利用虎的手段逃跑"的方法	B	14K	
	跳	掌握"利用跳的手段逃跑"的方法	B	13K	
	小飞	掌握"利用小飞的手段逃跑"的方法	B	13K	
	打吃	掌握"利用打吃的手段逃跑"的方法	B	10K	
	不入气	掌握"利用不入气的手段逃跑"的方法	B	9K	
	点	掌握"利用点的手段逃跑"的方法	B	8K	
整形技巧	轻形和重形	了解"轻形和重形" 掌握"轻形和重形与棋形速度"的关系	B	8K	
	裂形和愚形	了解"裂形和愚形" 掌握"裂形和愚形与棋形速度"的关系	B	7K	
	薄形和厚形	了解"薄形和厚形" 掌握"薄形和厚形与棋形速度"的关系	B	8K	
	虎、双、小飞和跳方	掌握"用虎、双、小飞和跳方的手段整形"的方法	B	10K	
	立、夹、点方和滚打包收	掌握"用立、夹、点方和滚打包收的手段整形"的方法	B	8K	
计算力详解	2路棋盘的树形思维	了解变化有限情况下的树形思维方式	C	5K	
	局部战斗的计算力	了解计算力的定义，以及两大组成部分"筛选"和"追踪" 了解计算力在棋盘上和树形图中的实现方式灵活运用"筛选"和"追踪"的方法找出局部战斗中的最佳变化	C	1D	
	全局范围的大局观	了解大局观的定义	C	1D	

第3章

布局基础：作战前应当怎样
从大方向上排兵布阵？

3.1 实地与外势

在布局阶段，棋盘空旷，双方需要快速而广泛地占角和占边。

在这个过程中，由于子数有限，双方只能大致确定地盘的范围，这些范围会随着棋局的进行不断变化。在不能精确计算布局阶段每方获得的地盘大小的情况下，棋盘上与地盘相关的资源被分为实地和外势。

"实地"指边界已大致确定的地盘，"外势"指边界尚未确定、未来有可能成为地盘的区域。实地可以通过围住的点的数量进行计算，而外势可以通过对可能影响的范围进行估算。如图 3-1，白棋大致围住 ✕ 处 10 个点，占据实地，黑棋对 ● 处 16 个点有影响力，形成外势的大致范围。

图 3-2 也是一种双方的常见下法，白棋大致围住 ✕ 处 10 个点，占据实地，黑棋对 ● 处 8 个点以及落单的白 2 有影响力，形成外势的大致范围。

与图 3-1 相比，白棋的实地相等，而黑棋的实地较少，但局部的结果都是"双方可以满意"，这是因为先手和后手的区别。

在一个局部，当双方的下法告一段落时，最后落子的一方，称为"后手"，另一方称为"先手"。先手的一方掌握主动权，可以任意在棋盘上落子。在布局阶段，棋盘空旷，先手的一方通过对全局各个部分进行价值评估，可以找到并在价值最大的地方落子。

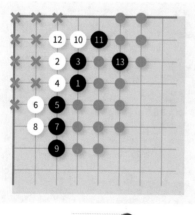

图 3-1

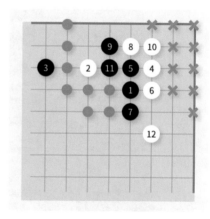

图 3-2

110

3.2 布局的下法

布局阶段的主要任务是占领角和边，双方加起来需要大约 50 步棋完成。在角部和边上的地盘资源包括实地和外势。采取怎样的顺序和策略占领角和边才能取得最大的获胜概率，是布局阶段关注的焦点。

图 3-3 左下方标注了角、边和中腹的大致分界。按照"金角银边草肚皮"的价值观，抢占空角是布局的当务之急。占角之后，角部的后续手段还包括守角固角和定式争角。占边的手段包括拆边延伸和分投打散。

布局阶段的下法，主要包括以上 5 种。

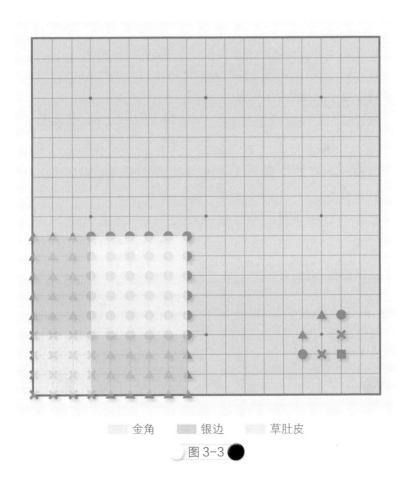

金角　　银边　　草肚皮

图 3-3 ●

3.2.1 抢占空角

抢占空角的选点能够决定占领效果的好坏。

选点与一·一点之间的部分，是这一方实际的控制范围。如果选点过于靠近一·一点，则控制范围太小，不能让人满意；如果选点过于远离一·一点，则控制范围太大，控制力太弱，无法起到占领空角的作用。

按照这种思路，在角、边和中腹的分界处选点是最佳的，我们在图 3-3 右下方标出这些选点。除星位之外，× 位小目、■位三三、●位目外和▲位高目，都是抢占空角的最佳选点。

3.2.2 守角固角

在已经抢占的角部再下一步棋来巩固角部实地的下法，称为"守角"。无论占角的选点如何，一颗棋子对角部的控制力都很有限。守角后，角部被 2 颗棋子占住，控制力大大增强。

如图 3-4，左上角黑棋占据小目，下一步可以选择●小飞守角、■大飞守角、× 单关守角和▲二间跳守角；右上角黑棋占据星位，下一步可以选择●小飞守角、■大飞守角和 × 单关守角。

三三距离角部近，一般不需要守角。

目外的常见守角方式，是还原小目的小飞守角。

高目的常见守角方式，是还原小目的单关守角。

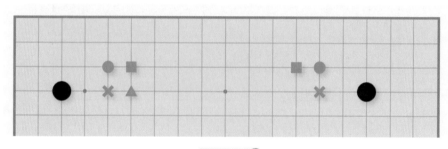

图 3-4

3.2.3　定式争角

守角的棋形子数不多，但占领的地盘大，控制力强，是双方追求的"好形"。为了阻止对方形成好形，在守角的棋形形成之前，角部只有对方的 1 颗棋子时，另一方通常选择使用"挂角"的手段，争夺角上的实地和外势。

图 3-4 左上角和右上角，黑棋可以选择的守角点，同样也是白棋的挂角点。左上角黑棋占据小目，白棋可以选择●小飞挂角（也称"一间低挂"）、■大飞挂角（也称"二间低挂"）、× 一间高挂和▲二间高挂；右上角黑棋占据星位，白棋可以选择●小飞挂角、■大飞挂角和 × 一间高挂。

当双方的棋子接近时，战斗即将开始，为了不在战斗中吃亏，双方一般会选择继续在这个局部落子，直到战斗告一段落。因为占角和挂角的手段是有限的，历代棋手总结出了双方都可以满意的局部下法，称为"定式"。

在围棋初学阶段，定式是学习正确下法的快捷模板。

3.2.4　拆边延伸

当角部已被抢占完毕，或某一局面下边的价值最大时，就需要抢占边上的地盘。占边的主要下法有拆边延伸和分投打散两种。在三或四线上，以附近的己方棋子为依托，在边上平行延伸的下法，称为"拆""开拆"或"拆边"。拆的主要目的是扩张己方在边上的地盘。

如图3-5中，角部已经被双方占据，四条边还很空旷。轮到黑棋下，黑棋可以选择抢占四条边中的一条。与上边相邻的两个角都是黑子，黑棋如果选择先占上边，拆的选点应该在两个角连线的中点附近，如J17"拆"能够与左右2颗黑子遥相呼应，将黑棋左上角和右上角的地盘连成一片，同时从上方向下方的中腹发展，具有连接和扩张的双重作用。当边的两侧都被己方棋子占据时，"拆"又称为"连片"。

右上角被黑子占据，右下角被白子占据。黑棋如果选择先占右边，拆的选点同样应该在两个角连线的中点附近，如R10的拆与右上角的黑子遥相呼应，从右上角向右边延伸，同时限制右下角的白子向这条边延伸，具有延伸和限制的双重作用。

左上角被黑子占据，左下角的白棋向上延伸的道路已经被3颗黑子堵住。黑棋如果选择先占左边，拆边的黑子应该与3颗黑子相互照应。按照"立二拆三、立三拆四"的准则，D10是在左边拆边的最佳选点。2颗▲黑子从边上向中腹方向形成一道墙，是"立二"。● D10与▲ 2子之间有D7、D8和D9三个点，是"拆三"。如果这道墙的长度是三，拆边的子和它的距离应该是四，拆边的手段称为"立三拆四"。以此类推，如果这道墙的长度是一，也就是单独的1颗棋子，拆边的子和它的距离应该是二，拆边的手段称为"拆二"。

黑棋下D11是拆四，下D9是拆二，在这个局面下，这两个选点都不如D10拆三。

3.2.5 分投打散

图 3-5 中与下边相邻的两个角都被白棋占据。黑棋如果选择先占下边，没有拆边的下法可供选择。这时，黑棋的选点应该在这条边左右 2 颗白子连线的中点附近，如 K3 点。

黑棋下 K3 后，左右都有拆边的空间，可以作为之后占领这条边的基准点。这种在两侧都是对方棋子的边中间落子的占边手段，称为"分投"。

白棋下 K3，是连片的下法，目的是使棋盘的下方成为一个整体，并在未来能够进一步扩张。黑棋 K3 分投的目的是打散白棋的地盘，不让它成为一个整体，从而无法进行下一步的扩张。

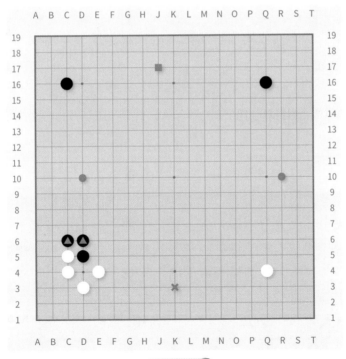

图 3-5 ⚫

3.3 布局的原则

掌握占角和占边的布局手段后，在不同局面使用哪种手段，具体下在哪一点，是布局的关键所在。关于布局阶段的选点，除了模仿角部的定式和全局的布局基本型之外，遵循"地势均衡""建立根据地"和"追求效率"这 3 条布局的原则，可以取得更好的布局效果。

3.3.1 地势均衡

在布局阶段，与地盘相关的两种资源是实地和外势。

实地的最终数量，外势未来能变成多少实地由对局的走势决定。如果过度追求实地，那么对方取得的外势可能获得浑然一体的效果，对方可能因为外势转化成实地的比例过高而取胜；如果过度追求外势，而又不具备充足的利用外势的能力，那么外势很可能得不到发挥，对方会依靠充足的实地而取胜。

遵循地势均衡的原则可以避免两种情况的发生，使棋局顺利过渡到中盘阶段。

3.3.2 建立根据地

"根据地"是指孤立无援的棋子的做眼空间。如果这些棋子在角部和边上都没有占据做眼空间，那么它们唯一的出路就是向中腹逃跑。在逃跑的过程中，对方可以采用各种手段威胁和压迫这些棋子，顺便取得实地或外势的利益。为了避免这种情况的发生，在布局阶段就要尽量让己方在棋盘上的所有棋子都有根据地。在图 3-5 中，讨论过四条边上的所有选点之后，最佳的选点是 ● D10 拆三。● D10 是连片的手段，与 ■ J17 连片、● R10 拆边和 ×K3 分投在地盘的大小方面区别不大。主要的区别在于左下角的 3 颗黑子还没有根据地，如果被白棋抢到 ● D10

点，3 颗黑子就要面临被攻击的命运，只能向中腹逃跑，损失很多利益。由于● D10 兼具建立根据地的作用，因此优于其他 3 种下法。

3.3.3 追求效率

当一方用几颗棋子取得一定的实地和外势时，平均每一颗棋子占有的资源称为"效率"。

图 3-6 中同样占领 4 目的实地，角上需要 4 颗黑子，边上需要 6 颗黑子，中腹需要 8 颗黑子。也就是说，同样下一颗黑子，效率的排序是角＞边＞中腹，这就是"金角银边草肚皮"的价值观的来源。

如果只看效率，效率高的一方可以取胜。

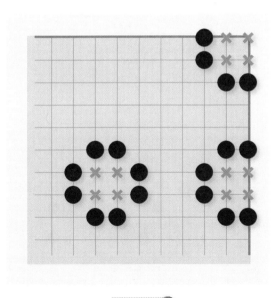

图 3-6 ●

如图 3-7，对于黑棋拆边的 3 个选点 ●拆二、■拆三和▲拆四，●能围住 6 目的实地，■能围住 9 目的实地，▲能围住 12 目的实地。

按照效率的标准，▲应该是最佳的选点。但效率不是评价下法好坏的唯一标准。

连接坚固的棋形，称为"厚形"；连接不坚固的棋形，称为"薄形"。三个选点中，●最厚，■其次，▲最薄。

综合三个点的厚薄和效率，●和■的厚薄差距不大，白棋都没有直接有效的分断黑棋的手段；而▲则不同，因为白棋可以下在●，由于距离太远，黑棋已经被分成无法连接的两部分。

这里的选点原则，是在厚薄允许的条件下，追求最大的效率。厚薄方面，可选的点是●和■；而效率方面，▲优先，■其次，●再次。因此我们得出结论，■是最佳的选点。这也就是"立二拆三"的根本由来。

在厚薄允许的条件下，追求最大的效率，在布局阶段对于对局的胜负能够起到决定性的作用。图 3-8 中，同样是 4 颗棋子，黑棋的实地和外势加起来共有 35 个点，而白棋只有 13 个点的实地。

如果这种情况出现在实际的对局中，白棋在布局阶段就产生了巨大的劣势，如果双方水平相当，白棋取胜的希望已经渺茫。

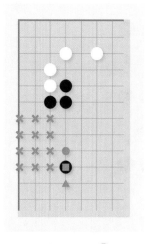

图 3-7 ●

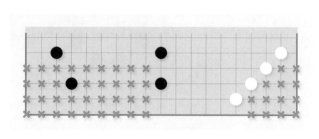

图 3-8 ●

3.4　布局的基本型

历代棋手通过研究前人的对局，总结出了大约40种基本的开局方式，称为"布局的基本型"。在这些开局方式中，双方的下法都可以令人满意。因此，在围棋初学阶段，布局的基本型也是学习正确下法的快捷模板。

根据占角的选点，考虑到绝大多数对局的占角方式只有星和小目两种，本书将布局的基本型分为星布局、星小目布局、小目布局和其他布局4种，本书只介绍前3种布局的基本下法。

3.4.1　星布局

占据相邻的两个星位形成的布局，称为"二连星"布局，如图3-9。

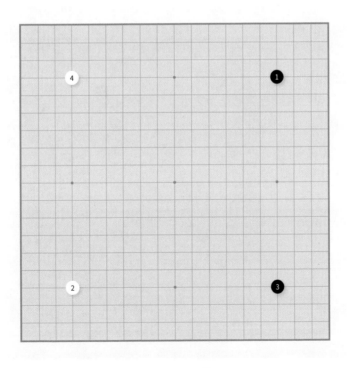

图3-9

占据同一条边上的三个星位的布局，称为"三连星"布局，如图3-10。

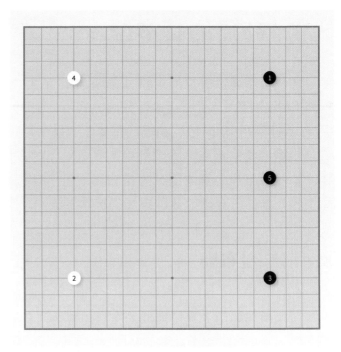

图3-10

形成三连星之后继续占到与三连星相邻的两个边上星位之一的布局，被称为"宇宙流"布局，如图3-11。

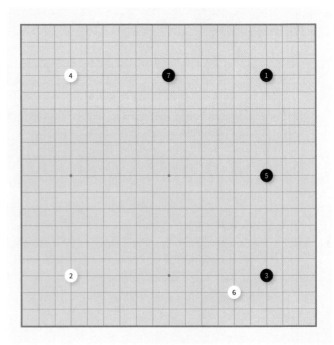

图3-11

3.4.2 星小目布局

星位与小目相对，
配合在边上星位靠近
小目一路的三路拆边，
称为"中国流"布局，
如图3-12。

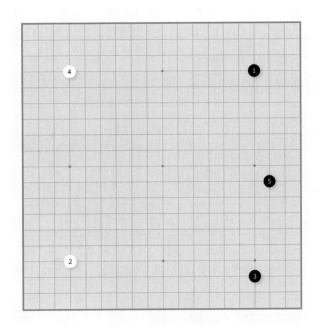

图 3-12 ●

星位与小目相对，
配合在边上星位靠近
小目一路的四路拆边，
称为"高中国流"布局，
如图3-13。

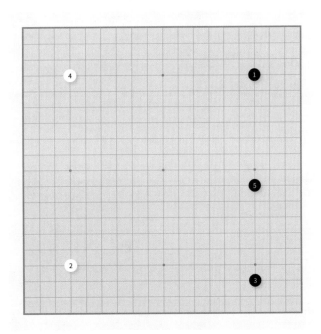

图 3-13 ●

121

小目与星位相对，在小目的侧面挂角星位后超大飞拆回，称为"小林流"布局，如图3-14。

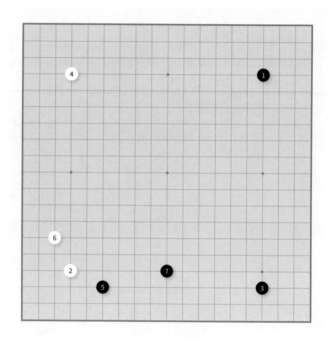

图3-14

小目侧对着星位，小目形成无忧角后，称为"星无忧角"布局，如图3-15。

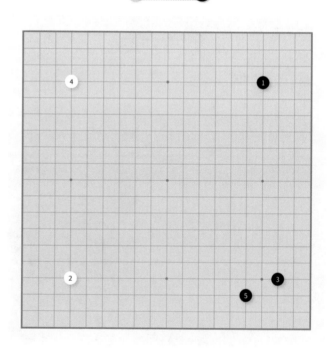

图3-15

小目侧对着星位，小目形成大飞守角后，称为"星大飞守角"布局，如图3-16。

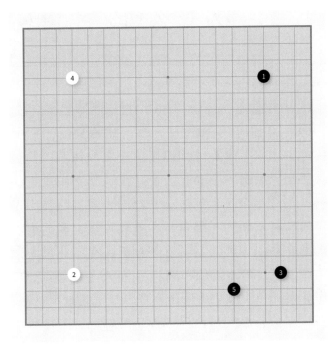

图3-16

小目侧对着星位，在小目正面挂角星位后，在类似中国流位置的三路拆回，称为"迷你中国流"布局，如图3-17。

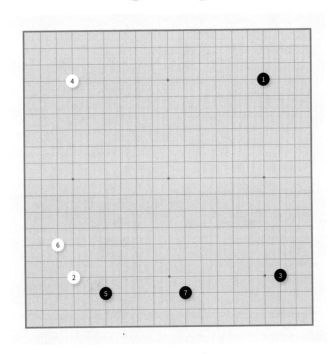

图3-17

为什么叫"中国流"？

在所有的经典布局套路中，"中国流"无疑是最知名也最流行的。

"中国流"布局，是由中国棋手陈祖德九段系统研究出的布局体系。因为在 1965 年中国围棋代表团访日交流比赛中，中国棋手为了对抗强大的日本棋手，集体用出了这一布局体系，并获得了优异战果，令日本棋手十分惊讶，日本棋坛遂将其称为"中国流"布局。

如今半个多世纪过去，经过世界棋坛几十年的研究，中国流布局不仅没有在不断的布局革新中遭到淘汰，反而愈加发扬光大，成为一个合理而丰富的布局体系。直到今天，在职业棋坛以及业余爱好者群体中，中国流仍是最流行的布局流派之一。更有甚者,在 AlphaGo 横空出世之后，AlphaGo 也一度将中国流布局认可为最优秀的黑棋布局。

所以，中国流布局不仅是陈祖德九段毕生最大的成就，同时也是中国围棋对当代世界围棋的最大贡献。

战胜了李世石的那一版 AlphaGo 就在自战训练中大量使用了中国流布局。

如图 3-18，这是谷歌公布的 AlphaGo V18.0 自战对局的第一局。黑棋的黑 1 和黑 3 分别占据星位和小目，黑 5 抢先挂角，然后回手占据黑 7，组成了经典的中国流布局。

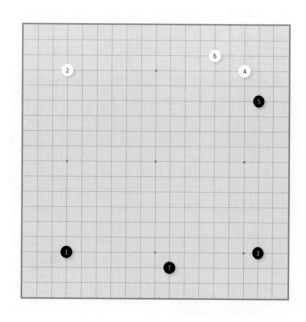

图 3-18

3.4.3　小目布局

一个小目对着自己的角，另一个小目对着对方的角，并且对着对方角的小目下成无忧角，称为"错小目无忧角"布局，如图 3-19。

一个小目对着自己的角，另一个小目对着对方的角，并且对着对方角的小目下成大飞守角，称为"错小目大飞守角"布局，如图 3-20。

两个小目彼此相对，称为"向小目"布局，如图 3-21。

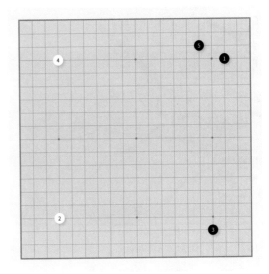

图 3-19

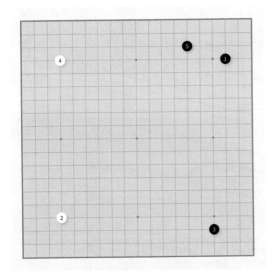

图 3-20

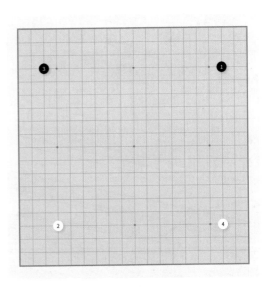

图 3-21

125

第4章

角部定式：战斗前，局部怎样列好小队阵形？

4.1 定式的逻辑

在争夺角部的地盘时，通过大量实战对局总结出的双方都满意的下法，被称为"定式"。定式中不仅展示了如跳、飞、尖等各种基本手段的正确使用方法，而且体现了布局阶段争夺角部地盘的逻辑，包括实地和外势资源的范围和正确争夺方式。因此，学习定式是学习布局阶段下法的捷径。

4.1.1 挂角的方式

图4-1左下角标识了角部的实地和外势范围：× 标注了角部的实地，▲标注了边上的实地，●标注了中腹的外势。在下定式的过程中，每一步棋都应该取得一定的实地或外势利益。我们已经学习过占据空角的方法，如图中右下角所示，包括■三三、× 小目、星位、●目外和▲高目。当对方通过一定手段接近占据空角的棋子时，定式的下法就开始了。

左上角的黑棋占据星位，白棋最常见的接近方式是 × 位点三三和●位小飞挂角。点三三以牺牲中腹外势为代价占据了角部的实地；小飞挂角则意在取得上边实地的控制权，将黑棋向左边和下方驱赶。

右上角的黑棋占据小目，白棋最常见的接近方式是▲位一间低挂、●位一间高挂、× 位二间低挂和■位二间高挂。一间低挂重视角部和上边的实地，一间高挂重视上边的实地和中腹的外势，二间低挂只重视上边的实地，二间高挂只重视中腹的外势。除点三三外，图中白棋接近黑角的所有下法统称为"挂角"。

左上角和右上角白棋接近黑角的方式，是反映定式逻辑的简单例子。想要进一步学习定式的逻辑，需要大量的实例分析。

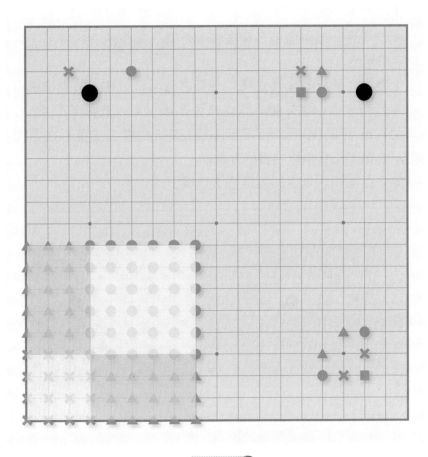

图 4-1

4.1.2 应对挂角的手段

在白棋接近黑棋角部的星位或小目时，黑棋面临各种各样的选择。

图4-2中的挂角手段分别称为"星位小飞挂角""小目一间低挂""小目一间高挂"和"小目二间低挂"。大部分对局中，双方都采用这4种挂角方式。

白棋挂角后，黑棋面临多种多样的选择。黑棋所有的可选下法已在图中用字母标出。

左上图中，黑棋有4种选择：占领右边实地、在上边夹击白棋、守住角部实地和争取中腹外势。具体来说，黑棋可以选择下在A、B或C占领右边，或下在D、E、F、G、H或I夹击白棋，或者下在J或K守住角地，或者下在L争取中腹的外势。

其他3张图中，黑棋的可选下法都属于这4类中的几类。

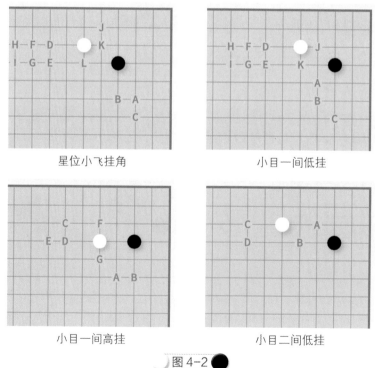

星位小飞挂角　　　　　　　　　　小目一间低挂

小目一间高挂　　　　　　　　　　小目二间低挂

图4-2

定式开始的几步下法是确定的。除了按照基本手段的名称命名之外，其他的下法都有特定的名称。与图 4-2 中字母对应的下法名称见表 4-1。

表 4-1　常见的挂角后下法名称

挂角名称	星位小飞挂角	小目一间低挂	小目一间高挂	小目二间低挂
A	小飞	尖	小飞	尖
B	跳（单关）	小飞	跳（单关）	跳（单关）
C	大飞	拆二	一间低夹	一间低夹
D	一间低夹	一间低夹	一间高夹	一间高夹
E	一间高夹	一间高夹	二间高夹	
F	二间低夹	二间低夹	托	
G	二间高夹	二间高夹	靠	
H	三间低夹	三间低夹		
I	三间高夹	三间高夹		
J	下飞	尖顶		
K	尖顶	靠压		
L	靠压			

注：其中，"一间高夹"中的"一"是指黑棋落子的位置与挂角的白子之间的距离是 1，"高"是指黑子在四线上，在三线上时称为"低"。其他"×间×夹"的手段都是按照这种方法命名的。

4.2 定式的基本型

按照第一颗占角的棋子的位置，定式可以分为"星定式""小目定式""三三定式""目外定式"和"高目定式"等。最为常见的是星定式和小目定式。

学习定式的第一阶段，是牢记定式中的下法，然后在实战对局中进行实践和模仿。第二阶段，是理解定式中的下法的逻辑，在下定式的过程中，如果对方采取不同下法，能够知道如何应对。第三阶段，是根据局面的不同，主动采取不同下法，从而在特定局面下获得最大利益。

我们将以 4 个基本星定式和 4 个基本小目定式为例，简要介绍这些定式的逻辑。初学者需要掌握的定式大约有 50 个，想要学习更多定式，请关注我们的公众号"奇略研究所"。

4.2.1 基本星定式

图 4-3，面对白棋的小飞挂角，黑 3 选择在上边跳，占据上边的实地；白 4 小飞进角，压缩黑棋的角部实地，同时在右边建立根据地；黑 5 尖，守住角部实地，阻止白棋进一步向角部前进；白 6 拆二，占领右边的实地，同时建立根据地；黑 7 拆，占领上边的实地。总体来看，黑棋占领了上边和半个角的实地，白棋占领了右边的实地，双方各有所得，都能满意。

图 4-4，面对白棋的小飞挂角，黑 3 选择在右边一间低夹，与白棋争抢右边的实地，同时对白 2 施压；白 4 点角，决定牺牲白 2，占据角部的实地。双方经过棋子的延伸，至白 12 跳，白棋占领角部的实地，黑棋占领右边的实地，白棋可以继续向上边发展，黑棋对中腹的外势具有较强的控制力，双方各取所需，都能满意。

图 4-5，面对白棋的小飞挂角，黑 3 选择在右边二间高夹，阻碍白棋占领右边的实地，增强对中腹外势的控制力，同时对白 2 施压；白 4 跳，向中腹发展，削弱黑棋对中腹外势的控制力，同时加强白 2；黑 5 跳，顺势占领上边的实地；白 6 与黑 7 交换后，白 8 在二线建立较小的根据地，黑 9 拆，占领上边的实地。与图 4-3 相比，黑棋压缩了白棋边上的根据地，

但黑 3 与上方的黑棋并未相连，成为孤子。双方的得失与图 4-3 相当。

　　图 4-6，面对白棋的小飞挂角，黑 3 选择靠压，将白棋限制在较低的位置上，增强对中腹外势的控制力。至黑 9，黑棋占据角部和边上的实地，对中腹外势的控制力强，但白棋在右边上的根据地很大。与图 4-3 相比，双方的实地范围都有所增长，各有所得。

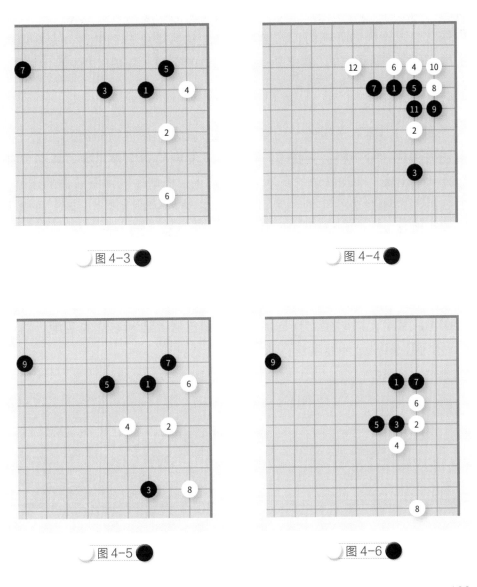

图 4-3

图 4-4

图 4-5

图 4-6

4.2.2 基本小目定式

图4-7，面对白棋的一间低挂，黑3尖，加强黑1，同时增强了对右边实地和中腹外势的影响力。白4拆三，占领上边的实地。双方棋形简单，互不干扰，得失相当。

图4-8，面对白棋的一间低挂，黑3二间高夹，与星位的二间高夹目的相同。白4尖，加强白2，防止黑棋堵住向中腹前进的道路；黑5飞，增强对中腹外势的影响力，同时增加右边的实地；白6进角，占据角部实地，同时建立根据地；黑7拆，占据右边的实地。黑棋右边的实地很大，白棋棋形坚实，双方都能满意。

图4-9，面对白棋的一间高挂，黑3托，选择占领角部的实地，将上边的实地让给白棋。至白6，黑棋向左发展的方向被堵死，黑7只能选择向下发展，增加右边的实地，同时防止白棋堵住向中腹前进的道路；白8拆，占据上边的实地。黑棋角部和右边的实地共有15目，白棋上边的实地有9目，白棋对中腹外势的控制力较强，双方得失相当。

图4-10，面对白棋的一间高挂，黑3一间低夹，重视上边的实地；白4托角，黑5选择在右边拆二，将角部实地让给白棋。至白10，白棋占据角部实地，同时建立根据地，黑棋则占据上边和右边的实地。白棋棋形坚实，黑棋延伸速度快，双方都能满意。

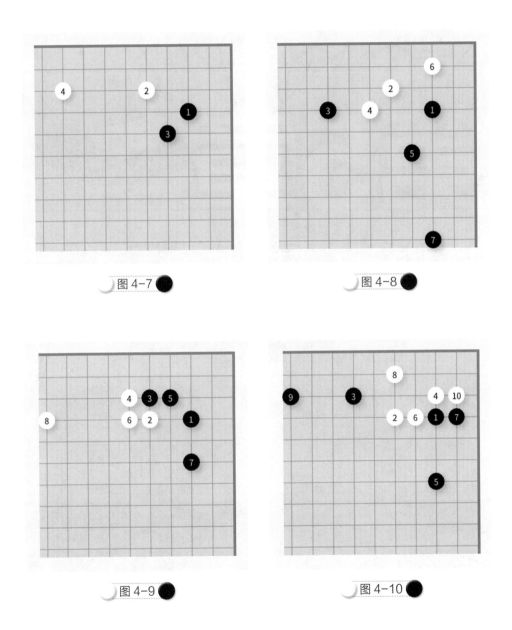

图 4-7 ●

图 4-8 ●

图 4-9 ●

图 4-10 ●

第5章

中盘战斗：怎样在乱军中生存并获取实利？

5.1　厚势和孤棋

当对局进入中盘阶段之后，布局阶段的外势开始起作用。外势的影响范围广，棋形坚固，是"厚形"的典型，也称为"厚势"。厚势有两种用法，第一种是围空，第二种是进攻。用厚势围空并不是一种很好的选择，因为厚势是布局阶段通过牺牲实地换来的，厚势必须围住很大的空，才能弥补布局阶段损失的实地。用厚势进攻是其主要用法。

厚势的进攻对象是孤棋。"孤棋"是指没有根据地，也没有两只真眼的一块棋。孤棋无法在它靠近的角部或边上做眼，一旦被包围只有死路一条。当孤棋靠近厚势时，厚势可以对孤棋产生威胁，在进攻的过程中取得额外的外势或实地。在多数情况下，利用厚势进攻取得的利益要多于直接围空取得的利益。

图 5-1 中，左下角的 4 颗白子是厚势，这 4 颗白子的影响范围广，在左边与▲子配合，以左边的区域为根据地，未来可以用于围空或攻击。左上角的 3 颗黑子是孤棋，这 3 颗黑子的影响范围窄，由于▲子的限制，在左边无法形成足够大的做眼空间，只能通过向中腹逃跑保证自己的安全。

5.2　攻防的手段

想要杀死一块孤棋，需要完成两件事：封锁和搜根。
"封锁"是指堵住孤棋向中腹逃跑的方向，将孤棋困在角部和边上。
"搜根"是指缩小或破坏孤棋在角部或边上的做眼空间，使孤棋无法做成两只真眼。
封锁和搜根是攻击的主要手段。

想要加强一块孤棋，可以做两件事情：出头和生根。

针对封锁，"出头"是指将孤棋向中腹延伸，保证逃跑路线的畅通。

针对搜根，"生根"是指扩大在角部或边上的做眼空间，使孤棋做成或随时可以做成两只真眼。

出头和生根是防守的主要手段。

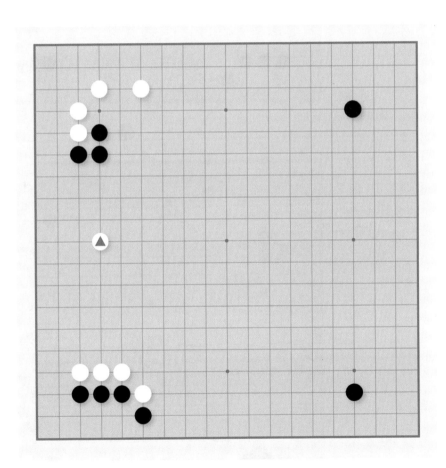

图 5-1

接图 5-1 的局面，轮到黑棋下。

如果黑棋对左上角的孤棋置之不顾，选择在右下角守角，白棋可以采用图 5-2 中的白 2 大飞，对 3 颗黑子进行封锁，使黑棋无法向中腹逃脱。

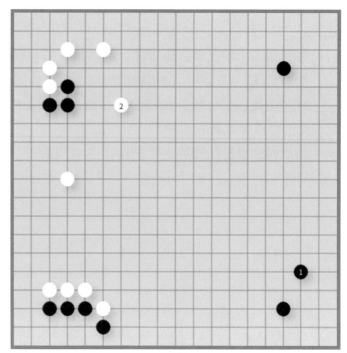

封锁

图 5-2

白棋也可以选择图 5-3 中的白 2 小飞，对 3 颗黑子进行搜根，使 3 颗黑子无法在左边做眼。

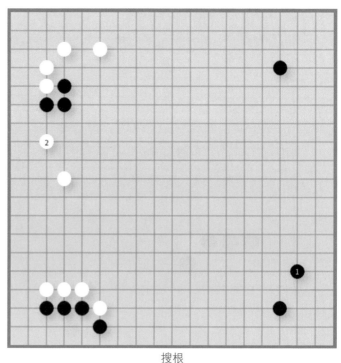

搜根

图 5-3

如果黑棋希望加强左上角的孤棋，黑棋可以选择图 5-4 中的黑 1 大跳，大步向中腹逃跑。

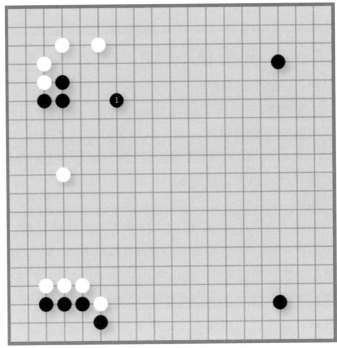

出头
图 5-4 ●

也可以选择图 5-5 中的黑 1 拆二，在左边形成做眼空间，保证孤棋的安全。

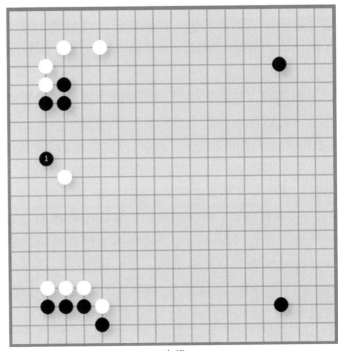

生根
图 5-5 ●

5.3 攻击的策略

攻击的目的在于获得利益。封锁和搜根两种攻击手段，哪一种能在不同局面下获得最大利益，就是最好的攻击手段。

攻击的策略，就是采用能够获得最大利益的手段。这里的利益，可以是实地，也可以是外势。

图5-6，轮到黑棋下，右下角的白棋是孤棋。黑1如果采用搜根的方法进行攻击，首先可以巩固和扩展右边上的实地。白2向中腹逃跑时，黑3继续压迫白棋，在缩小白棋逃跑范围的同时，与右上角的厚势相配合，目标在于用厚势围成大空。黑1如果采用封锁的方法进行攻击，白2会选择立刻生根，至黑5，白棋拿到先手，再下白6出头。

对于图5-6，搜根的方法明显优于封锁的方法。封锁的方法虽然更大程度地缩小了白棋的逃跑范围，但并未将白棋完全封锁，黑棋增加的外势范围有限。而白棋不仅获得了根据地，保证了孤棋的安全，而且缩小了黑棋在右边的实地，黑棋吃亏。搜根的方法黑棋在右边可以获得更多的实地，还可以继续攻击根据地被破坏的白棋，黑棋成功。

图5-7，轮到黑棋下，下边的1颗白子是孤棋。黑1如果采用搜根的方法进行攻击，白2会选择从中腹跳出，保证这颗白子安全逃跑。黑1如果采用封锁的方法进行攻击，白2至白14只能被动应对，在下边的狭小空间内做活。在获得影响范围广大的外势之后，黑15在上边拆边，与新形成的外势相配合。

对于图5-7，封锁的方法明显优于搜根的方法。搜根的方法相当于用黑棋右下角的厚势围空，围住的实地只有拆二的范围，远远小于形成外势时损失的右下角的实地，而白棋跳出后扬长而去，黑棋没有进一步攻击的严厉手段，不能满意。而封锁的方法将白棋逼向了下边的狭小空间，自己取得广阔的中腹外势，收获颇丰，可以满意。

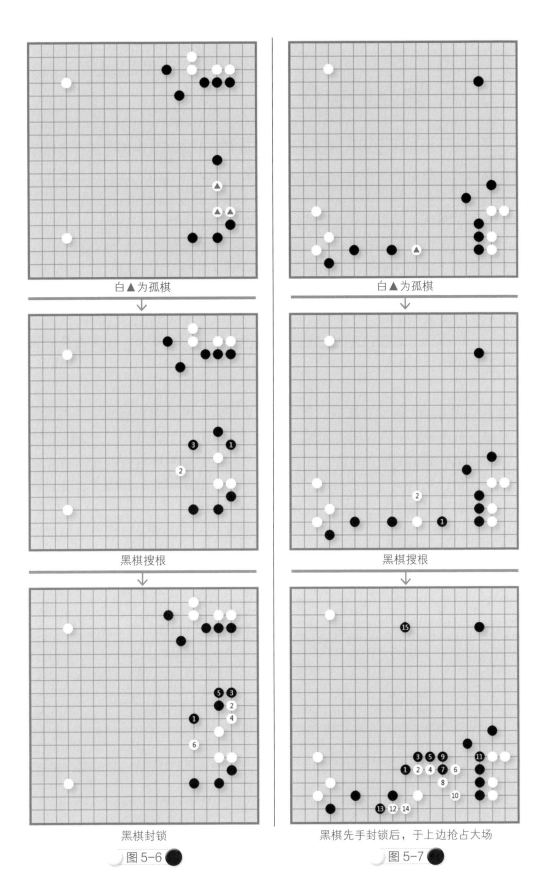

白▲为孤棋

白▲为孤棋

黑棋搜根

黑棋搜根

黑棋封锁

黑棋先手封锁后，于上边抢占大场

图 5-6

图 5-7

5.4 地盘的争夺

当中盘阶段找不到可以进攻的孤棋时，中盘的主要内容就是直接争取利益，也就是争夺地盘。对于己方的地盘，可以采用巩固和扩张两种方法。

"巩固"是指堵住地盘的缺口，防止对方入侵。

"扩张"是指将地盘的范围扩大，争取围住更大范围的地盘。

对于对方的地盘，可以采取打入和侵消两种方法。

"打入"是指深入对方的地盘，成为对方地盘中的孤棋，但可以彻底破坏对方的地盘。

"侵消"是指压缩对方地盘的范围，阻止对方扩张，使对方只能采取巩固的方法围空。

图 5-8，轮到白棋下。黑棋右下角和右边的地盘规模宏大，白棋需要立刻与黑棋争夺这里的地盘。白 1 如果采用打入的方法，在三线上落子，可以破坏黑棋右边的地盘，但黑棋会立刻对这颗白子进行攻击。白 1 如果采用侵消的方法，在五线上落子，可以压缩黑棋右边的地盘，并且在中腹有充足的逃跑范围，不会遭到严厉的进攻。

图 5-9，轮到黑棋下。黑棋下边▲两子距离较远，地盘不牢固，需要采用巩固或扩张的方法使地盘变大和变强。黑 1 如果大飞进行巩固，下边的地盘牢固，白棋无法入侵，但范围没有扩大。黑 1 如果跳进行扩张，下边的地盘变大，但两侧的黑子距离仍然较大，白棋有打入的机会。

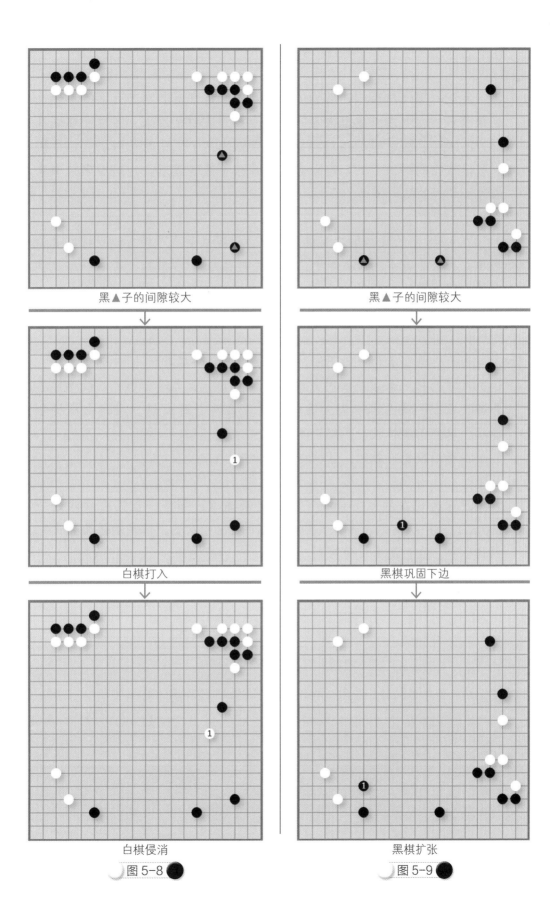

黑▲子的间隙较大

黑▲子的间隙较大

白棋打入

黑棋巩固下边

白棋侵消

黑棋扩张

图 5-8 ●

图 5-9 ●

无论封锁还是搜根，攻击的直接目的都是在威胁对方死活的基础上来谋求获利。因为杀棋是很难的，必须将对方封锁起来，并且还要破掉对方的眼位。而活棋却相对容易，只要做出两个真眼就可以了。但杀棋永远是攻击的终极目的，是无数棋手孜孜不倦的追求，也是围棋故事中最惊心动魄的精彩情节。

在1978年的日本第二届棋圣战中，卫冕棋圣藤泽秀行迎战挑战者加藤正夫。在7局4胜的决赛中，藤泽秀行已经1：3落后，再输一局就要丢掉桂冠。在关键的第五局中，藤泽秀行以极大的魄力通盘追杀加藤正夫的大龙，最终将后者半个棋盘的子力全部歼灭，获得了一场酣畅淋漓的胜利。

秀行棋圣在本局中的下法，堪称是攻击的终极教材。

在对局行至如图局面时，执黑的藤泽秀行长考近3小时，最终算尽全部变化，判定黑棋2路（▲子）跳下即可全歼白棋！实战白棋拼命挣扎，果真无法抵抗，最终全军覆没。

在赛后接受采访时，藤泽秀行语出惊人：

我深为现在的胜负偏离了其本质而痛心，如将一盘棋比作双方争100元，几乎所有的人都认为能拿到51元就可以了。但我却认为应该拿到其全部，这才是真正的胜利。

本来能杀的棋不杀，即使获胜了，也称不上是真正的胜利！

第6章

官子基础：怎样在战斗结束
时确定边界，清扫战场？

6.1 官子的种类

中盘阶段结束后，双方开始确定边界的细节，补全己方地盘的缺口，在对方地盘的缺口处进行最后的压缩，直到双方的地盘边界完全确定，不再改变。从中盘结束到双方的地盘边界完全确定的阶段，称为"官子阶段"。

对局进行到官子阶段，棋盘上会有若干最终边界尚未确定的区域，能在某个区域先动手的一方，将在这个区域压缩对方的地盘或扩展自己的地盘，从而取得最大的目数利益。这些边界尚未确定的区域，称为"官子"。在这些区域落子来取得目数利益的下法，称为"收官"。

围棋的手段，以对方是否必须回应为标准，可以分为先手和后手两类。当一方在某个局部落子时，如果对方不予回应的代价很大，必须在附近落子回应，我们称这一方取得了"先手"。当一方在某个局部落子时，如果对方不予回应的代价很小或没有代价，不需在附近落子回应，我们称这一方落了"后手"。收官时，如果一方在一个区域取得先手，这一方就可以在另一个局部先动手，取得更多的目数利益。如果一方在各个区域都取得先手，那么这一方将抢到所有的官子。因此，在一个区域收官结束时，取得先手至关重要。

根据黑方或白方谁先落子，以及落子后谁是先手谁是后手，官子可以分为4类，包括双先官子、单先官子、逆先官子和双后官子。

6.1.1 双先官子

一个官子，如果无论谁先下都可以取得先手，那么这个官子是"双先官子"。

图6-1中，如果黑棋先下，双方的下法如图中左下方所示，白4如果不接，白2就会被黑棋吃掉，因此白4不得不接，黑棋取得先手。如果白棋先下，双方的下法如图中右下方所示，白棋取得先手。因此，这个官子是双先官子。

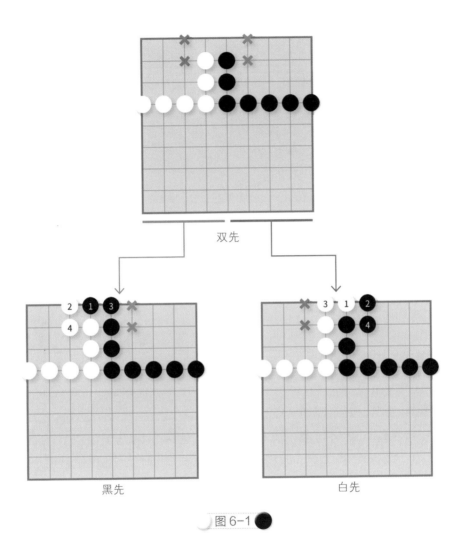

双先

黑先

白先

图6-1

6.1.2　单先和逆先官子

一个官子，如果一方先下可以取得先手，另一方先下只能落后手，那么这个官子是能取得先手一方的"单先官子"，是另一方的"逆先官子"或"逆收官子"。

图 6-2 中，如果黑棋先下，双方的下法如图中左下方所示，白 4 不得不接，黑棋取得先手。如果白棋先下，双方的下法如图中右下方所示，白 3 后，黑棋没有危险，无需回应，白棋落后手。因此，这个官子是黑棋的单先官子、白棋的逆先官子。

6.1.3　双后官子

一个官子，如果无论谁先下都只能落后手，那么这个官子是"双后官子"。

图 6-3 中，如果黑棋先下，双方的下法如图中左下方所示，黑 3 后，白棋没有危险，无需回应，黑棋落后手。如果白棋先下，双方的下法如图中右下方所示，白 3 后，黑棋没有危险，无需回应，白棋落后手。因此，这个官子是双后官子。

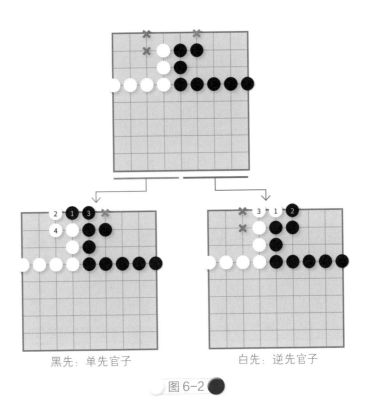

黑先：单先官子　　　　　　白先：逆先官子

图 6-2

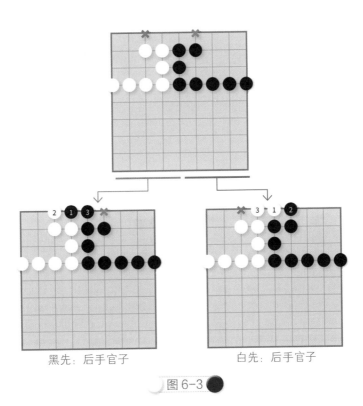

黑先：后手官子　　　　　　白先：后手官子

图 6-3

6.2 官子的大小

了解官子的分类之后，我们要对每个官子的大小有准确的判断。

官子的大小，是指收官后破坏对方的目数和自己取得的目数之和。

图 6-4 左边的双先官子，黑棋先下可以取得右侧 × 的 2 目，破坏白棋左侧 × 的 2 目，共 4 目；白棋先下可以取得左侧 × 的 2 目，破坏黑棋右侧 × 的 2 目，共 4 目。因此，这个官子是"双先 4 目"官子。

图 6-4 中间的单先 / 逆先官子，黑棋先下可以取得右侧 × 的 1 目，破坏白棋左侧 × 的 2 目，共 3 目；白棋先下可以取得左侧 × 的 2 目，破坏黑棋右侧 × 的 1 目，共 3 目。因此，这个官子是黑棋的"单先 3 目"官子，白棋的"逆先 3 目"官子。

图 6-4 右边的双后官子，黑棋先下可以取得右侧 × 的 1 目，破坏白棋左侧 × 的 1 目，共 2 目；白棋先下可以取得左侧 × 的 1 目，破坏黑棋右侧 × 的 1 目，共 2 目。因此，这个官子是"双后 2 目"官子。

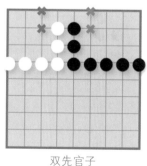

双先官子

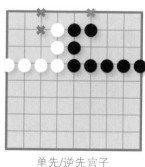

单先/逆先官子

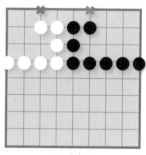

双后官子

图 6-4

6.3　收官的顺序

在官子阶段，全局有若干个官子，分属于 4 种不同类型之一。棋手面临的问题，是如何在这种局面下，按照官子价值从大到小的收官顺序，取得最大的目数利益。官子的大小，是一种官子价值的参考。但因为没有考虑先后手的影响，官子的大小并不一定等于官子的价值。比如一个单先 2 目的官子和一个双后 2 目的官子，目数大小相同，单先 2 目官子的价值大。因为收完单先 2 目的官子后可以取得先手，继续收下一个官子，而收完双后 2 目的官子只能落后手，对方收下一个官子。

官子的价值，是指将不同类型的官子折算成双后官子后的大小。对于"双先官子"，由于先动手的一方能够保持先手，先到先得，只要能保证对方一定回应，双先官子折算成双后官子的价值是无穷大的。对局进入官子阶段后，获得先手的一方应当立即动手，抢先收完棋盘上所有的双先官子。对于单先官子，如果对方必须回应，单先官子折算成双后官子的价值也是无穷大的，与双先官子相似。如果对方不回应的代价有限，则应当考虑对方不回应的情况，将这个官子当作双后官子进行计算。对于逆先官子，虽然落了后手，但抢到了对方的先手官子，价值可以估算为官子大小的 2 倍，比如逆先 2 目官子的价值相当于双后 4 目。对于双后官子，官子的大小等于官子的价值。

官子的价值，是收官顺序的重要参考，但并不是收官顺序的绝对标准，灵活是下出最佳官子顺序的关键。比如，棋盘上只剩下两个官子，轮到黑棋下，一个是双后 5 目，另一个是逆先 3 目。按照逆先官子价值 2 倍的标准，会得到先收逆先 3 目官子的结论。但正确的下法是先收双后 5 目的官子，因为逆先官子价值 2 倍的原因是阻止了对方取得先手官子的利益，在后续的收官过程中有机会比对方多抢到一个官子。而这种情况下，两个官子收完后官子阶段已经结束，不会有后续的收官过程，逆先 3 目与双后 3 目没有区别。

在实战对局中，收官的最佳方法是运用计算力对最佳收官顺序进行推算，判断所有官子的类型和大小，评估双先和单先官子对方有多大概率不回应，如果不回应有什么后续手段，官子与死活是否有关系，能否通过做劫取得更多的利益等，在综合所有信息后再决定在何处落子。这种方法对于初学者来说过于复杂。在初学阶段，"双先单先无限抢，逆先双后看价值"是最佳策略，无需考虑太多变化即可获得不错的收官效果。

官子，看起来没有布局构思那么宏大绚烂，也没有中盘战斗那么复杂巧妙。但官子是一局棋的结尾，精彩的官子手段经常可以直接决定棋局的最终胜负。

在 1706 年日本一场极为重要的比赛中，年仅 16 岁的新秀棋手本因坊道知挑战大前辈安井仙角。在所有人都判定道知已经必败的情况下，道知发现了巧妙的官子手段，最终将 1 目负的结局逆转为 1 目胜，震惊棋坛。

本因坊道知执黑，安井仙角执白。对局下到此时，已经接近终局，棋盘上剩余可下的地方已经很少了。所有人都认为，安井仙角已经必然以 1 目的最小优势获胜，连安井自己也这样想，然而他们都没发现——

本因坊道知发现，左上角的黑棋存在绝妙的官子次序：黑 1、3、5、7 先在白棋空中捣乱，然后再黑 9 板，次序绝妙，使得原本是后手 2 目的官子变成了先手 3 目，然后抢先在其他地方收官，最终凭空获得了 2 目棋的便宜，将 1 目负扭转成了 1 目胜。

对局结束后，对手安井仙角仍然没有察觉结果已经逆转，还以为是自己赢了，竟然连续要求复查了三遍结果，才最终接受自己失败的结局。

官子的次序非常重要，尤其先手官子是不能错过的。哪怕在顶尖高手的对局中，也经常出现因为错过一个简单先手官子，而直接导致输掉全局的情况。

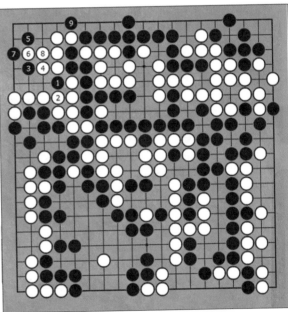

6.4 常见的官子手段

当官子区域较小时，选点较少，官子的下法很容易确定。简单的官子手段包括图6-3中双方使用的扳，以及图6-5左上角黑棋的×A16接、白棋的×A16提、上边黑棋的×K19冲、白棋的×K19挡、右上角黑棋的×R18打吃、白棋的×R18接等。

当官子区域较大时，选点较多，官子的下法中一般只有一个或两个是最佳选点。如图6-5左下角黑棋的×B2夹、下边黑棋的×K2跳、右下角黑棋的×T5大飞，其中×T5的下法又称为"仙鹤大伸腿"。

在实战对局中，官子的情况会更加复杂。

寻找最佳选点的第一步是推算不同选点可能产生的双方最佳变化，第二步是选择这些选点中可以获得最多利益的点。随着对官子手段的不断积累，找到最佳选点的速度会越来越快。

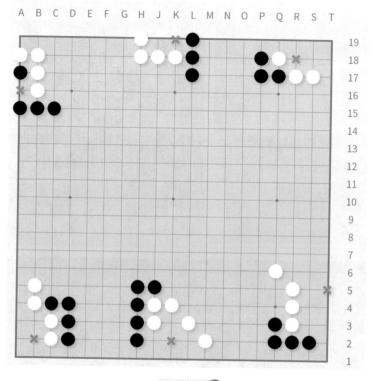

图6-5

精彩对局

2017 年春兰杯决赛第三局檀啸执黑对朴永训，在前半盘，黑棋形势不容乐观。如图 6-6，檀啸在下到黑 81 冲的时候，没有发现白 82 靠的妙手，形势更为恶化，令中国队研究室气氛凝重。

但随后朴永训出现了优势意识，局势逐渐被檀啸扳平。

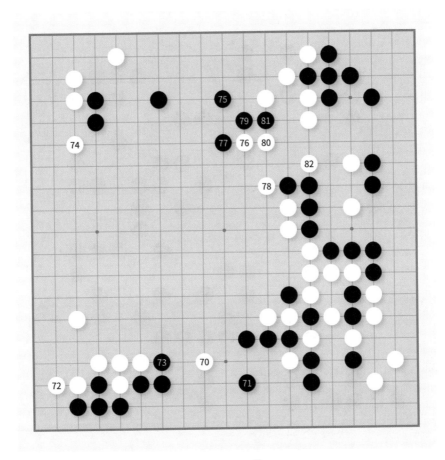

图 6-6

如图 6-7，棋局进行到 161 手，许多观战棋手仍不看好檀啸的黑棋。而檀啸却认为，此时已是细棋局面，黑棋并不差。接下来，白棋又出现了一个较大的官子失误，错过了一个简单的先手官子，被檀啸机敏地抓住机会，终于拿下了这场比赛的胜利。

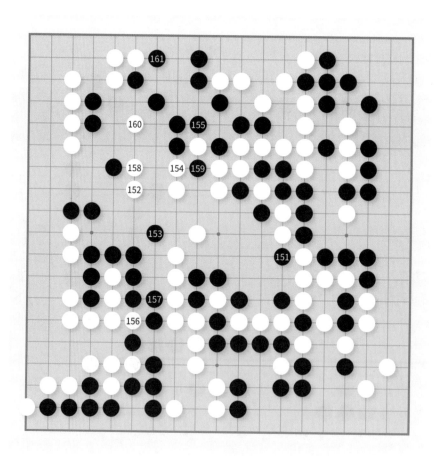

图 6-7

如图 6-8，实战白棋 164 在中间补棋，是近乎单官的一手，错过了最后的机会。

黑棋机敏地意识到了胜机，抢到了 167 位团的巨大逆收官子。至此檀啸已经胜券在握。

可以说，朴永训一个细小的官子失误，直接影响了一盘棋最终的结果。

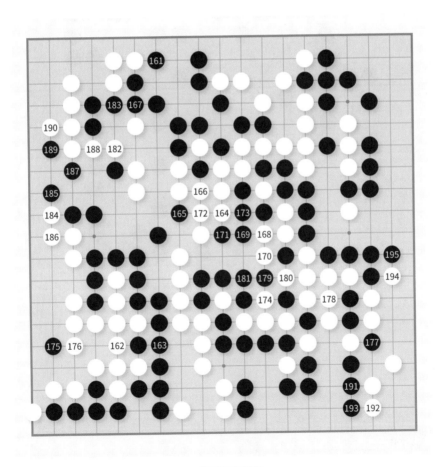

图 6-8

白164应该下在图6-9中的1位先手打，避免被黑棋团逆收此官子，这才是此局面下的正解。可是，曾经被韩国棋坛誉为李昌镐之后官子第一人的朴永训，居然错过了如此简单的先手官子，与冠军失之交臂。

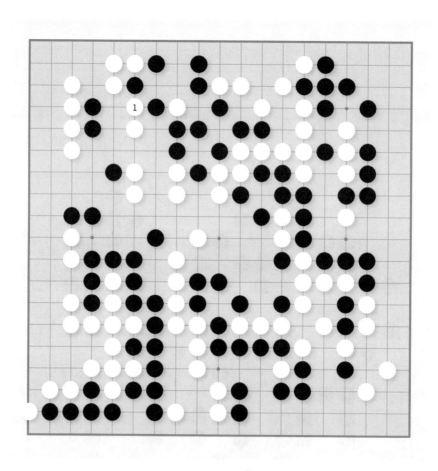

图6-9

实战中，官子形式多样，千变万化，抢占官子的方法也很多，可参见《围棋官子108局》一书，对于各种实战官子的大小、收官方法和收官顺序都有详细的讲解。

第7章

完整的一局棋

7.1　执黑和执白

比赛中的对局，对手由主办方编排后制定。有两种方式可以决定棋手执黑或执白，包括猜先和定先。

"猜先"又称为"猜子"，在对局开始前，年长的一方或段位高的一方抓取一把白子，另一方出示一颗或两颗黑子，分别代表白子的数量为单数或双数。如果猜对，出示黑子的一方执黑；如果猜错，出示黑子的一方执白。

"定先"是指在对局开始前，执黑的一方和执白的一方已经确定。确定黑白方的规则有很多种。比如，以段位高低为标准，高手执白，低手执黑。以黑白平衡为标准，比赛编排软件会以棋手在比赛中执黑的对局和执白的对局数量一致为目标指定黑白方。

7.2　棋份的确定

"棋份"是指通过改变贴目和让子情况来平衡对局双方的棋力差距的规则约定。常见的棋份包括分先、让先和让子三种。

"分先"是指对局开始前棋盘上没有子，黑棋下第一手，判断胜负时黑棋需要比白棋多出贴目数量的地盘才能取胜。在中国规则中，黑棋贴三又四分之三（3³/₄）子（合 7.5 目）。日韩规则中，黑棋的贴目为 6.5 目。

"让先"是指对局开始前棋盘上没有子，黑棋下第一手，判断胜负时不考虑贴目，黑棋只要比白棋的地盘多就能取胜。与分先对局相比，让先对局中黑棋有一个贴目的优势。

"让子"是指对局开始前棋盘上先放置 2 ~ 9 颗黑子，白棋下第一手，判断胜负时不考虑贴目，黑棋只要比白棋的地盘多就能取胜。

与分先对局相比，让子对局中黑棋有一个贴目外加让子数减去一颗子的子力优势。

分先、让先和让子如图 7-1 所示。

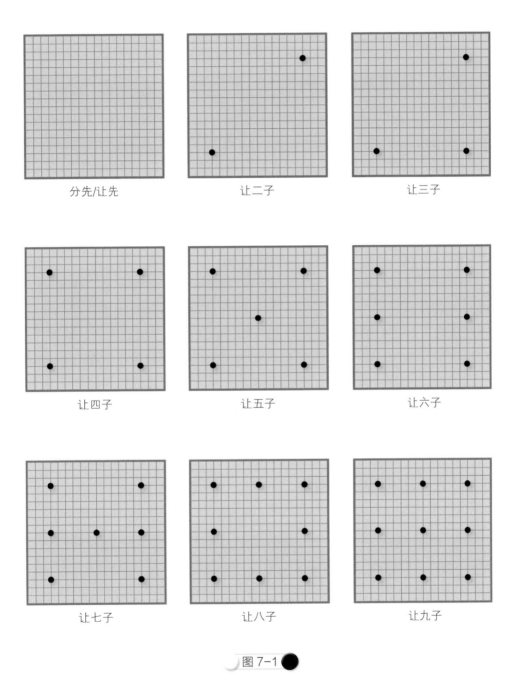

分先/让先　　　　让二子　　　　让三子

让四子　　　　让五子　　　　让六子

让七子　　　　让八子　　　　让九子

图 7-1

7.3 违例及处罚

7.3.1 围棋规则违例

当对局者在比赛中违反围棋规则，称作"违例"。裁判会对违例者进行相应的处罚。不同国家的规则对违例的处罚各不相同，我们以2002年版的《中国围棋规则》为例。

如果一方第一次在禁入点落子，经裁判确认后，这颗落子无效，这一方失去这次落子的机会，由对方继续落子。如果一方第二次在禁入点落子，经裁判确认后，直接算违例者输棋。

在对局中连下两手称为"连招"。如果一方在比赛中第一次连招，经裁判确认后，第二手棋无效，并且在计算对局结果时罚连招的一方1子或2目。如果一方第二次连招，经裁判确认后，直接算违例者输棋。

在对局中将刚刚落下的子拿回称为"悔棋"。如果一方在比赛中第一次悔棋，经裁判确认后，悔棋无效，并且在计算对局结果时罚悔棋的一方1子或2目。如果一方第二次悔棋，经裁判确认后，直接算违例者输棋。

7.3.2 违反赛场纪律

如果对局者违反比赛秩序册中规定的赛场纪律，则由裁判长以及各位裁判商议后决定处罚方式。

7.4 胜负判定

对局中出现超时、违例或违反赛场纪律的情况，如符合相应条件，裁判可以直接宣布对局结果。

如果对局中一方认为自己无法取胜，可以告知对手自己已经"认输"，对局结果为另一方"中盘胜"。

如果对局进行到官子阶段结束，则由裁判按照相应规则来计算双方的地盘后宣布对局结果。中国规则采用"数子法"确定双方的地盘，日韩规则采用"数目法"。

图 7-2 是一盘棋的终局棋形，我们分别进行数子和数目。

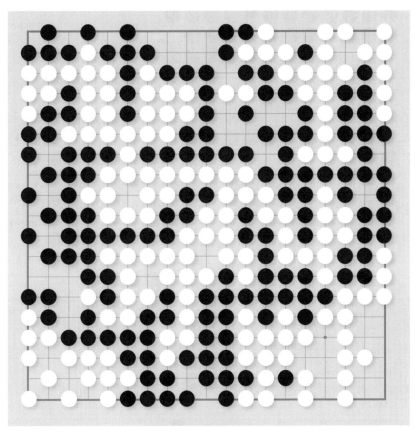

一局棋的终局棋形

图 7-2

如图 7-3，数子法的步骤是先将棋盘上所有死子拿掉，然后把双方各自的地盘用各自的棋子填满。分先对局中，如果黑子达到 185 个，或白子不到 177 个，则黑棋取胜，反之则白棋取胜。

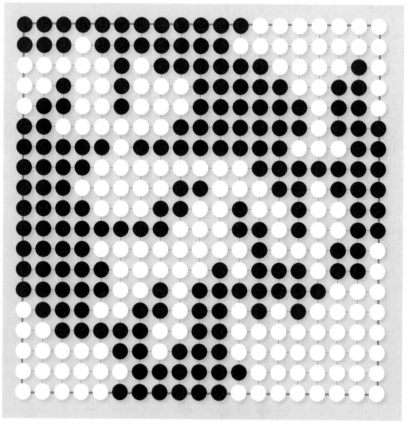

图 7-3 ⚫

但在实际数子的过程中，往棋盘上摆棋子的过程比从棋盘上直接拿掉部分棋子凑成整数空要麻烦很多，而二者所占的棋盘空间是一样的，因此在用实物棋盘对战后，裁判会以后者的方式数黑棋的子。这个整理空和棋子的过程就称为"做棋"，如图 7-4，即黑棋的棋子 + 空的数目达到 185 个，黑棋取胜，达不到 185 个，白棋取胜。

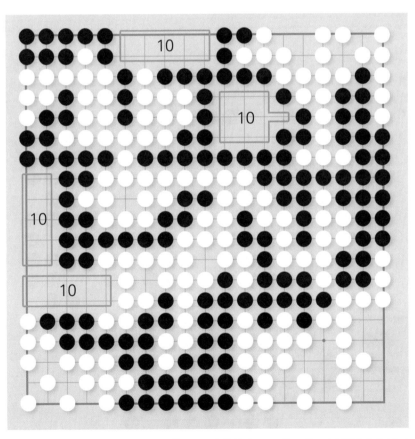

做棋数子：双方拿掉死子，黑棋做以10计数的空，不足10的可以填子或拿掉对应棋子凑成10，再与剩余黑子相加计数

图 7-4

如图 7-5，数目法的步骤是先收集对局过程中所有对方被提掉的子以及对局结束后对方地盘中的死子，然后把这些子填入自己的地盘中。分先对局中，如果黑棋的目数比白棋的目数多出的数量超过贴目的数量，则黑棋取胜，反之则白棋取胜。

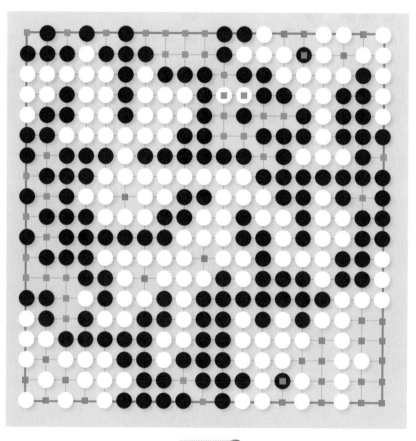

图 7-5

精彩对局

在 1994 年的中韩围棋对抗赛上，年仅 18 岁的常昊迎战应氏杯冠军徐奉洙。徐奉洙因其好战、极其顽强的棋风，被称为"野草"。然而，这场对局中，常昊利用了对方棋风中"野草"的缺点，如坦克般推进，最终在对抗中占据上风。

图 7-6，常昊开局所下黑 5 二间低挂，是当年流行的下法。至白 8 单关挂。

【定式选择】让我们站在对局者的角度思考，假如你是黑棋，此时是选择托退定式，还是二间高夹呢？

常昊（黑）对徐奉洙（白）

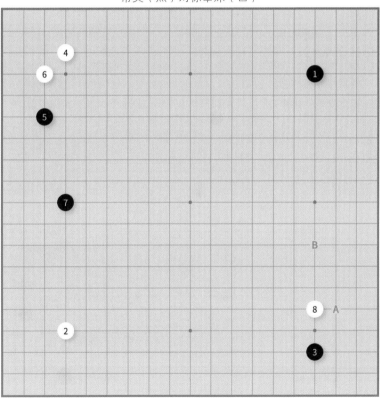

图 7-6

图 7-7，黑如下 A 位，为简明的托退定式，这是当今 AI 时代面对小目高挂时的首选下法。下至白 6 定式暂时告一段落，黑棋在目数方面取得了收获，白棋取得外势。但是人和人有时候不仅仅讲实地，也要根据对方的特点制定策略。

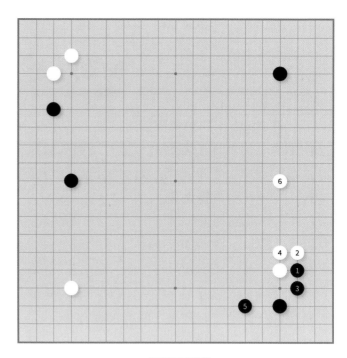

图 7-7

图 7-8，实战常昊选择了当年所流行的二间高夹，对此徐奉洙使用了最简明的跳出进行应对。

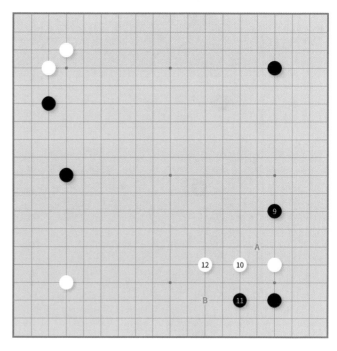

图 7-8

【行棋方向】接下来，假如你是黑棋，此时你会选择 A 位外刺，还是 B 位跳出在下边增加地盘？

图 7-9，黑棋在 A 位刺完再尖是获取目数最好的下法。黑棋通过刺的交换，使对方棋形变得凝重，然后黑 3 尖，白棋如果在此应就是后手了。

除了在形状厚薄等方面有所收获以外，黑棋还能顺便多捞一些实地。当然这是徐奉洙擅长的局面了。

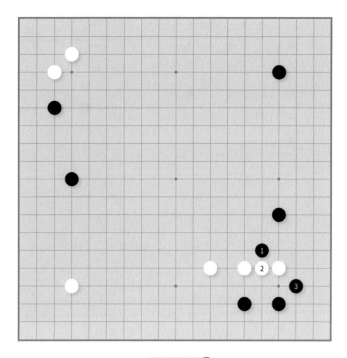

图 7-9

图 7-10，实战黑 13 继续往前稳步前行，是常昊实战所选择的下法，稳扎稳打滚滚向前。至白 20，右边双方战斗的号角已经吹响。

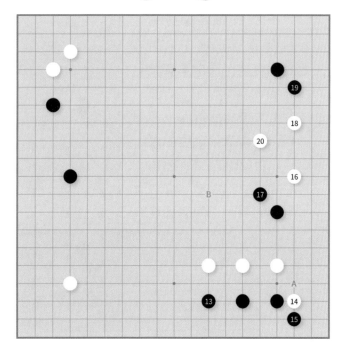

图 7-10

【行棋策略】假如此时你是黑棋，你会选择在 A 位吃角，还是在 B 位跳出？

图 7-11，黑棋如果选择吃角，目数方面会收获明显，之后白棋贴，黑棋提，黑棋两子压力更大，将受到更多攻击。

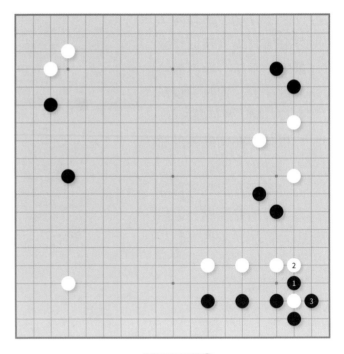

图 7-11

图 7-12，实战黑 21 堂堂正正地在中间展开对攻，是常昊实战选择的策略。白 22 在右上方挂角后拆回，又到了黑棋表达态度的时候。黑 25 在左下挂角后，黑 27 跳起，瞄着上边的飞入，同时加强自己。

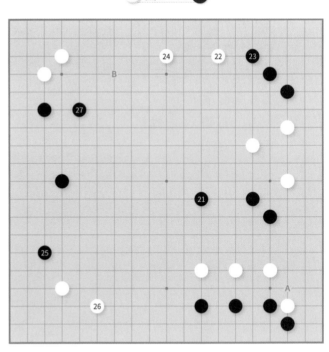

图 7-12

【急所选择】假如你是白棋，此刻会选择右下角的退，还是左上方的拆？

图 7-13，凡是和小目高挂有关的定式，托退始终都是双方争夺的重点。毕竟这里不仅目数很大，并且还关系到双方厚薄。

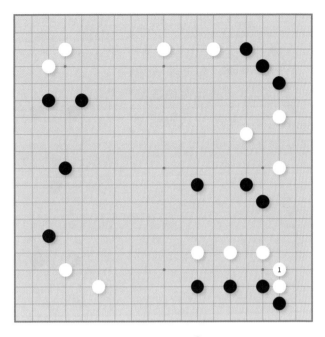

图 7-13

图 7-14，白 28 飞是徐奉洙实战选择的下法，不过由于白棋角里小尖与边上拆二都很坚实，于是白棋继续在此加固，会导致棋形与效率一起变得重复。大家在行棋时可以多去观察周围配合，有时随着周围多了一两个子，我们的招法也要随之进行改变。

常昊继续往前稳步推进，左下在扩张大模样的同时，还顺便切断了白棋右边与左下的联系。随着角与边的大场全都占得差不多了，棋局至此逐步进入中盘阶段。

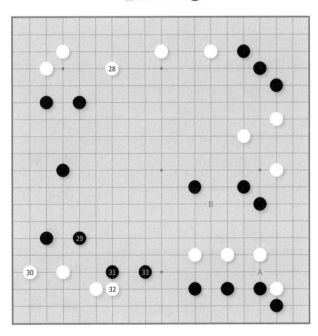

图 7-14

【补棋问题】黑 33 后，白棋右下 4 颗子已经陷入黑棋的包围圈，同样是补棋，假如你是白棋，此时会选择在角与边上获取目数，还是前往中间消除黑棋潜力呢？

图 7-15，白棋如
在 A 位补棋，就可以
放开手脚，敞开了去中
间破空。此时白棋选择
在角上带着目数补棋，
效果将会更好。

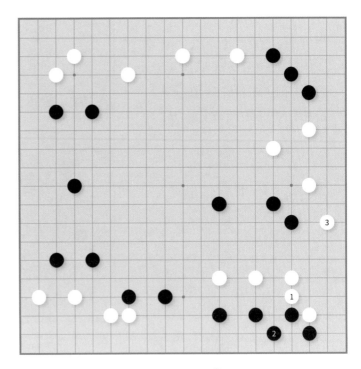

图 7-15 ⚫

图 7-16，白 34、
36 的组合拳，是徐奉
洙实战所选择的下法。
白棋这里的想法很有
趣，他希望通过在中间
的几下先手交换，使自
己两边免费变厚。不料
随着黑棋中间变厚，反
而导致白棋下方变得更
薄了。从事后来看，白
棋在中间的交换不仅没
起到预期的效果，甚至
反而成了俗手。

因为黑棋周围较
厚，白 40 只得小心翼
翼地小步前行。与其在
中间下得这么纠结难受，
白棋还不如先在里面补
棋。等伤养好后，身处
满状态再来中间挑战。

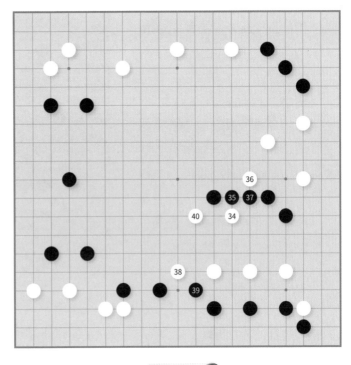

图 7-16 ⚫

图 7-17，因为白棋的动作幅度始终不敢太大，所以白棋的棋子效率也跟着一直提不上去。至黑 49，白棋有多块孤棋，黑棋从此掌握了棋局的主动权。至黑 53，白棋右边 5 颗子也需要处理。

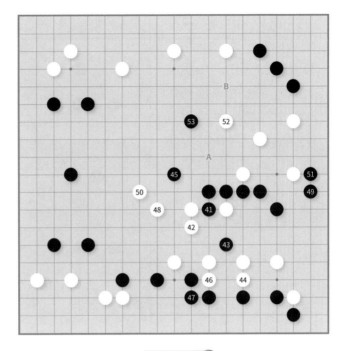

图 7-17 ●

【治孤问题】假如你是白棋，此时会用哪种方式来进行治孤？

图 7-18，因为围棋的厚薄是相对的，所以白棋不要光看自己的弱点，而要反过来瞄准黑棋的形状缺陷。通过以攻为守，白棋的治孤效果反而会变得更好。白 1 这步棋中所蕴含的行棋思路，便是围棋领域"动"与"静"之间的区别。

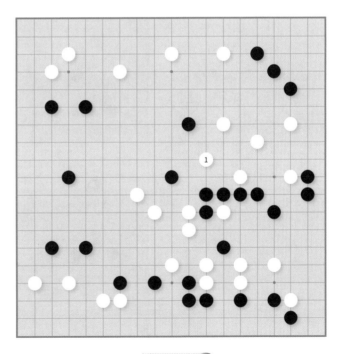

图 7-18 ●

图 7-19，白 54 稳
健连回，是徐奉洙实战
所选择的下法。白棋这
样虽然很安全，但整体
效率却很低。并且更重
要的是，这种一味地防
守退让，还会把棋局主
动权拱手相让。

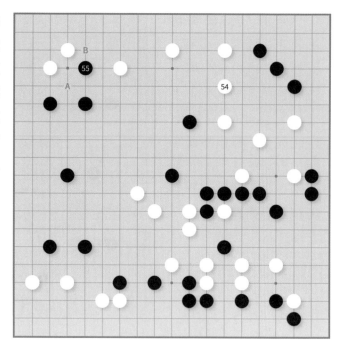

图 7-19

【薄厚判断】假如你是白棋，当黑 55 刺，你会选择朝外用刺反击，
还是在里面挡住守空？

图 7-20，由于白
棋上方子力较多，于是
这里可以考虑像小尖这
样的带刺反击。毕竟
围棋不是单机游戏，
过程中需要多与对方
进行互动才行。

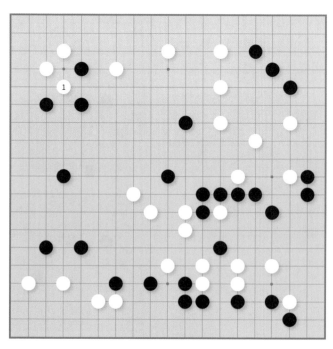

图 7-20

图 7-21，白 56 是徐奉洙实战所选择的下法，白棋这样虽然能守住边空，但外围却被黑棋给顺势推平。白 64 再来打入，显然就慢了半拍。并且既然早晚都要打入，那白棋何苦现在打入受气，前面在自家主场直接作战显然效果更佳。

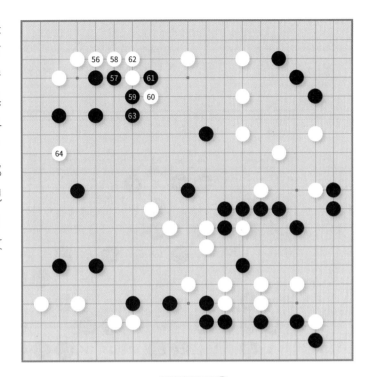

图 7-21

图 7-22，在作战之前，常昊严谨地在附近提前进行准备工作。随后常昊不给白棋任何借用，进入优势。这盘棋的选择和思路非常值得借鉴。

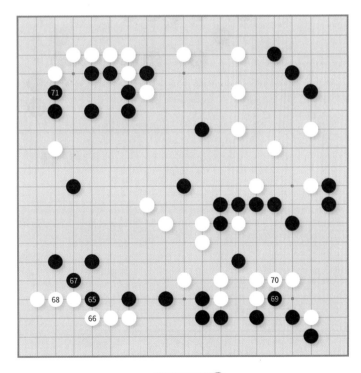

图 7-22

图 7-23，最终，常昊 161 手，以"屠龙"结束本局，黑中盘胜。

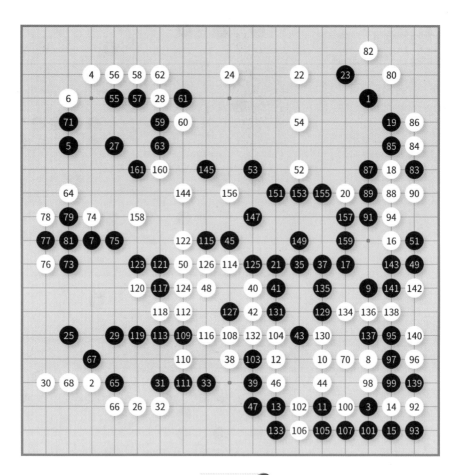

图 7-23